디스킬 제너레이션

김재인 지음

AI 시대, 생존을 위한 언어력 수업

The
Deskill
Generation

AI 시대, 인간에게 남은 힘

하루가 다르게 발전하는 AI의 능력에 놀라는 것도 한계에 이르렀는지, 최근에는 AI 피로감을 호소하는 사람이 늘고 있습니다. 새로운 AI 모델이 나왔다고 해서 기껏 사용법을 익혔더니 다시 새 버전이 나오는 식이지요. 따라잡기에도 지칩니다. 또한 '클로드코드'처럼 코딩, 데이터 분석, 자동화 등을 엄청나게 잘해주는 AI가 나온 뒤로는 어땠나요? AI 덕분에 마치 접시 돌리기처럼 여러 작업을 병행하면서 결국 다른 종류의 피로감을 얻는 경우도 있습니다.

한편 AI의 발전이 나의 업무에 무슨 도움이 되는지 와닿지 않는 경우도 있습니다. 그런데도 세상은 떠들썩하니

나만 뒤처지는 게 아닌가 하는 불안감이 생기기도 하지요. 업무마다 AI에게 도움을 받을 수 있는 영역과 방식이 다르기 때문에 나의 업무에는 실질적인 도움이 되지 않는 경우가 많거든요. 기업에서 과장 광고를 통해 사람들의 불안감을 자극하는 건 흔한 수법이지요.

우리는 지금 피로감과 불안감 사이 그 어디쯤에서 서성이고 있는 것 같습니다. 이럴 때일수록 중요한 것은 나의 중심을 잘 잡는 일인 것 같아요. AI는 나의 천연 지능을 증강해주는 도구이기 때문에, 나를 잘 관리하는 것이 무엇보다 필요하니까요.

AI가 불러온 특히 심각한 문제도 있습니다. 오늘날 AI를 통해 업무를 수행하면서 정작 나 자신은 아무런 생각도, 아무런 인지 활동도, 아무런 노력도 하지 않는 일이 흔해지고 있습니다. 이럴 때 나의 뇌에는 어떤 일이 일어날까요? 전에는 할 줄 알던 일을 더 이상 하지 못하게 되는 디스킬링deskilling, 즉 '탈숙련'이 일어나게 되는 건 아닐까요? 나의 인지 능력이 퇴화하는 현상이 벌어지는 건 아닐까요? 나의 실력이 쪼그라들고 있다는 느낌이 들지는 않나요? 집중도 안 되고, 쉽게 조급해지고, 무엇이든 금방 잊어버리지는 않나요?

AI의 미래가 어찌 될지는 아무도 모릅니다. 인간을 능가하는 AI가 곧 나온다는 전망부터 투자 비용이 너무 커서

AI 기업들이 도산할 수도 있다는 전망까지, 다양한 이야기가 나오고 있지만 전망은 전망일 뿐입니다. 이럴 때일수록 더 많은 밑천을 마련해놓고 자신이 할 수 있는 일에 집중하는 것이 현명한 전술일 것입니다. 내가 갖춘 실력은 사라지지 않을 것이고 AI는 나의 실력을 증강해줄 테니까요.

인간과 AI라는 주제는 철학을 공부하는 저를 매우 즐겁게 만들었습니다. AI가 등장하면서 "AI는 인간이 하는 모든 것을 할 수 있다"라는 주장이 유행하고 있고요. 하지만 그로 인해 오히려 '인간이란 무엇인가'라는 질문이 다시 살아났어요. 철학하는 입장에서 그야말로 '땡큐'지요.

예전에는 술자리에서 인간의 본질을 두고 진지하게 이야기를 나누는 일이 거의 없었어요. 그러나 지금은 인간이 도대체 무엇인지, 무엇을 할 수 있는 존재인지, 인간에게 남아 있는 고유한 능력은 무엇인지를 놓고 자연스럽게 이야기할 수 있는 시대가 되었습니다. 그 자체가 제게는 매우 소중한 변화로 느껴집니다.

이러한 문제의식 속에서 제가 특히 중요하게 생각하는 것은 '생각의 힘'입니다. 저는 이를 '생각의 근력'이라고 표현해요. 이것이야말로 인간의 고유함과 맞닿아 있다고 봐요. 그리고 이 생각의 힘을 떠받치는 핵심 요소로서 언어력을 강조하고 싶습니다. 넓은 의미의 언어력이지요. 앞으로 인간이 AI 시대를 살아가며 버텨내기 위한,

혹은 넘어지지 않기 위한 디딤돌이 바로 이 생각의 힘과 언어력입니다.

저는 오래전부터 이 문제를 고민해왔습니다. 지금으로부터 10년 전인 2016년 3월 알파고가 처음 등장하기 전부터 AI와 인간의 관계를 주제로 연구를 계속했고, 서울대학교의 '컴퓨터와 마음'이라는 강의를 비롯해 여러 강의도 이어왔지요. 알파고의 충격 이후에도 꾸준히 생각을 정리해왔어요. 그래서 이 주제에 대해 나름의 경험과 생각을 축적해왔다고 자신합니다. 이를 바탕으로 인간에게 끝까지 남아 있을 힘이 무엇인지, 그리고 그 힘을 어떻게 지켜내고 키워야 할지 고민한 내용을 여러분과 공유하려고 합니다.

언어력, 즉 듣고, 말하고, 읽고, 쓰고, 이해하고, 질문하는 일. 이 오래된 인간 활동이야말로 AI 시대에 가장 강력한 생존 자원이 될 것입니다. 왜 지금 '언어력'이 다시 핵심 역량이 되었는지를 1강에서 살펴봅니다. 이어서 2강에서는 AI를 정확히 이해하고, 두려워하기보다 도구로서 냉정하게 바라보기 위한 바탕을 제시합니다. 인간에 관해서도 다시 바라볼 필요가 있습니다. 인간이 어떤 존재인지는 3강에서 탐구해봅니다. 마지막으로 4강에서는 언어력 및 그 확장으로서 소통력과 협업력을 실제로 기르는 방법을 구체적으로 이야기합니다. 더불어 새로운 지능으로서 '취향 지능'을 소개할 것입니다.

최근 몇 년 동안 수백 차례의 강연을 했지만, 이 책을 위해 지난 가을, 밀리의서재에서 3회의 특강을 진행했습니다. 청중의 관심과 열정에 감동했습니다. 그후 원고를 작성하는 과정에서 그간 발표한 저서들과 글들의 핵심 내용을 추가했습니다. 《공동 뇌 프로젝트》(2025), 《인간은 아직 좌절하지 마》(2024), 《AI 빅뱅》(2023), 《인공지능의 시대, 인간을 다시 묻다》(2017) 등의 저서에 언급했던 내용은 짧게 축약할 수밖에 없어 무척 아쉬웠습니다. 이 책만으로 아쉬운 독자는 위의 책들을 참고하면 좋겠습니다. 이해를 돕기 위해 기술적인 내용은 단순화하기도 했지만, 핵심을 벗어나지는 않았습니다.

AI의 시대는 이미 시작되었습니다. 그러나 인간의 시대가 끝난 것은 아닙니다. 무엇을 포기하고 무엇을 지킬지는 기술이 아니라 인간의 선택에 달려 있습니다. 이 책이 시대의 흐름 속에서 나만의 중심을 잡는 데 작은 디딤돌이 되길 바랍니다.

2026년 3월 김재인

목차

1강   이제는
언어력이다

퇴보하는 인간 지능

챗GPT가 처음 등장했을 때를 기억하시나요? 화면 가득
글자가 출력되는 그 순간 깜짝 놀라지는 않았나요? 챗GPT는
무슨 내용을 요청하든 순식간에 글을 써줬고, 그 결과 전
세계인에게 놀라움과 두려움을 선사했습니다.

　　속도도 속도려니와 글의 품질도 어지간한 '나'보다 훨씬
나아 보였어요. 그래서 이제 인간이 직접 글을 쓸 필요가
없는 것 아니냐는 주장까지 나오고 있습니다. 실제로 학생과
직장인, 관리자급까지 AI를 이용한 글쓰기에 빠져 있지요.
조사, 보고서, 기획안, 과제, 자료 분석 등 AI에게 다양한

글쓰기를 맡기는 건 흔한 일상이 된 것 같습니다.

다른 한편으로는 AI가 대신 글을 써주는 일의 위험성에 대한 이야기가 급격히 쏟아지고 있습니다. 특히 학생들이 AI에게 글쓰기를 떠넘길 때 생겨날 문제가 집중적으로 지적되지요. 하지만 이는 학생뿐 아니라 우리 모두가 심각하게 받아들여야 할 문제라고 봅니다.

처음으로 돌아가 본질적인 질문을 다시 던져보겠습니다. 왜 글을 직접 써야 하는 걸까요? 글쓰기는 어렵고 귀찮고 골치 아픈 작업이니 기계가 대신 해주면 좋은 것 아닐까요? 기계에게 일을 시키고 남는 시간에 나는 더 생산적인 일을 하면 좋지 않을까요?

옥스퍼드 대학교 출판부는 2024년 올해의 단어로 '뇌 썩음Brain rot'을 선정하며 저품질 온라인 콘텐츠를 과도하게 소비하여 정신적, 지적 상태가 악화하는 현상을 경고한 바 있습니다. 그런데 AI를 시켜 글을 쓸 때도 인간의 뇌와 인지가 썩어간다는 연구 결과는 아직 잘 알려지지 않은 듯해요.

가장 중요한 위험성은 AI 도입이 인간의 뇌와 인지에 끼치는 영향입니다. 실제로 챗GPT 같은 언어모델 AI는 교육 현장뿐 아니라 직업 현장에서도 엄청난 인지 퇴보를 낳고 있습니다. AI를 활용하면 생산성 향상이 일어나는 동시에 지적 능력의 하락이 목격된다는 보고도 잇따르고 있고요.

이는 챗GPT가 출시된 지 불과 3년도 안 되는 동안 일어나고 있는 일입니다.

이 점과 관련해서 최근에 한 실증 연구가 발표됐습니다. AI를 시켜 글을 쓰게 할 때 인간의 뇌에는 과연 어떤 일이 벌어지는지를 연구한 것인데요. MIT 미디어랩의 연구자들이 2025년 여름에 발표한 내용입니다.[1]

연구진은 대학생 54명을 세 집단으로 나누어 에세이 과제를 줬습니다. 첫 번째 그룹은 챗GPT를 써서 글을 쓸 수 있도록 허용했습니다. 두 번째 그룹은 웹 검색을 할 수 있게 했고요. 세 번째 그룹은 그냥 쓰게 했습니다. 그러고는 글을 쓰는 동안 각 그룹의 뇌파를 검사했지요.

다음 그림은 4개월 동안 이들의 뇌파를 추적 관찰한 결과인데요. 가운데 그룹은 중간 정도 결과가 나왔기 때문에 첫 번째와 세 번째 그룹의 결과만 보겠습니다.

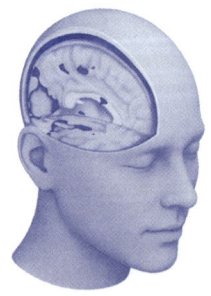 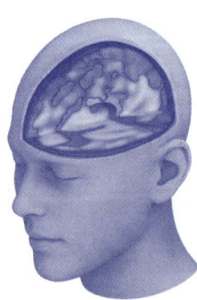

왼쪽은 챗GPT를 사용하여 글을 쓴 사람의 뇌 활성도, 오른쪽은 스스로 글을 쓴 사람의 뇌 활성도를 간략화한 것이다. (출처: 챗GPT로 제작한 이미지)

---

1   Kosmyna, Nataliya, et al. 2025. "Your Brain on ChatGPT: Accumulation of Cognitive Debt when Using an AI Assistant for Essay Writing Task."

왼쪽은 챗GPT를 사용한 사람들이 글을 쓸 때의 뇌 활성
정도입니다. 뇌를 거의 안 쓰고 있지요. 인지 작용이
일어나지 않습니다. 질문한 뒤에 '복사 붙여넣기'를 한
거지요. 그게 전부예요. 그래서 챗GPT 사용 집단의 뇌는
기억, 언어, 비판적 추론과 관련된 영역에서 낮은 수준의
활성도를 보였습니다. 이 집단은 신경적, 언어적, 행동적
차원에서도 일관되게 낮은 성과를 보였고요. 몇 달이
지나면서 점점 게을러졌어요.

　　반대로 오른쪽의, 직접 글을 쓰게 한 그룹은 뇌가
엄청나게 활성화됩니다. 엄청나게 골치가 아픈 거지요.
머리가 막 뜨거워집니다. 열을 내고 활성화가 돼요. 이
결과를 보면 챗GPT에게 일을 맡기면 뇌의 인지 활동도 없고
그 어떤 뇌 발달도 일어나지 않는다는 결론이 나옵니다.

　　더 주목할 점이 있습니다. 이 연구는 이미 성인이
된 대학생을 대상으로 했지만 아이들의 경우 더 심각한
문제일 거라는 점입니다. 더 어린 아이들, 아직 뇌가 완전히
발달하지 않은 연령대에서는 뇌를 발달시키는 훈련을 해야
하기 때문입니다. 훈련이 필요한 시기에 뇌를 사용하지
않으면 심각한 문제가 생깁니다. 아주 낮은 인지 단계에
머문 채, 뇌 발달 자체가 아예 일어나지 않을 거예요. 이 점이
성인과 아이들의 차이입니다.

　　다시 연구 결과로 돌아오겠습니다. 이 세 그룹은 글에

대한 애착감에서도 큰 차이를 보입니다. '이 글은 내가 쓴 것'이라는 소유감이 직접 쓴 세 번째 그룹에서는 매우 높았던 반면, 챗GPT 사용자에게는 거의 없었습니다. 자기가 쓴 글이라고 생각하지 않는 거예요. 내용에 대한 기억도 마찬가지입니다. 챗GPT를 쓴 사람은 내용을 거의 기억하지 못해요. 반면 직접 글을 쓴 사람들은 글의 내용을 거의 다 기억합니다. 이는 경험적·직관적으로 알 수 있는 내용인데, 실제 연구 결과로도 증명된 것이지요.

실험의 마지막 단계에서는 챗GPT를 사용한 그룹에게는 직접 글을 쓰게 하고, 반대로 직접 글을 쓴 그룹에게는 챗GPT를 제공했습니다. 그 결과 처음에 직접 글을 썼던 그룹은 챗GPT를 활용해서 글을 잘 썼고, 처음부터 챗GPT를 썼던 그룹은 스스로 글을 거의 쓰지 못했습니다.

이 모든 결과가 어느 그룹에서 실질적인 발전이 이루어졌는지 잘 보여줍니다. 챗GPT의 본질은 '기계 대필 작가'입니다. 우리 옆에 대필 작가가 한 명씩 붙어 있는 셈이에요. 이렇게 상상해보면 우리가 교육적으로 챗GPT 활용을 허용할 거냐 말 거냐 하는 논쟁을 할 이유가 없겠지요. 모든 학부모와 교사가 이걸 금지해야 한다고 할 겁니다.

챗GPT를 비롯한 다양한 AI 도구가 하는 파생적인 일들은 차치하고서라도, 가장 핵심에 있는 글쓰기와 관련해서는 강하게 반대해야 한다고 봅니다. 챗GPT는 결국 기계 대필 작가이기 때문에 '글쓰기 교육'이라는 측면에서는 엄격하게 금지해야 합니다. 특히 학생들은 더욱 사용해서는 안 된다고 봅니다. 아이들은 애초에 뇌가 다 발달하지도 않았고 고된 훈련을 거친 것도 아니어서 성인보다 훨씬 더 부작용이 걱정되는 상황입니다. 왜냐하면 학생 시절에 하는 글쓰기는 인지 훈련 그 자체이기 때문입니다.

글쓰기가 '인지 훈련' 혹은 '생각 훈련'과 별개의 작업이라고 여기는 것은 큰 오해입니다. 고생하며 글을 써본 사람은 누구나 알고 있습니다. 글쓰기는 정리된 생각을 줄줄 뽑아내는 과정이 아니에요. 글쓰기는 생각을 짜내고 숙성시켜 새로운 경지로 올리는 고된 작업입니다. 그래서 글쓰기는 그 자체로 생각의 근력을 키우는 훈련 과정이에요.

체육 시간에 프로 스포츠 경기를 관람한다고 체력이 향상되는 게 아니듯, 챗GPT에게 글을 내맡기고 정작 자신은 생각 활동을 멈추면 생각의 체력은 저하될 뿐입니다. 앞에서 살펴본 챗GPT 실험이 의미하는 바가 이것이지요.

학생들이 어렸을 때부터 AI 도구 활용에만 익숙해지고 정작 기본적인 사고 훈련을 거치지 못할 경우 인간이 어떻게 바뀔지를 전망하면 상당히 우울합니다. 2008년에 나온 〈월-E〉라는 영화에서처럼 몸도 마음도 사용하지 않게 되겠지요. 학습과 창작 활동은 기계가 하고 인간은 소비만 하는 모습이 현실이 될 가능성이 큽니다.

탈숙련의 위험

그럼 성인의 글쓰기는 어떨까요? 이미 자기 혼자서도 글을 잘 쓸 자신이 있으면 큰 상관이 없을 거예요. AI가 나의 비서 노릇을 할 테니까요. 그런데 자기 혼자 잘 쓸 자신이 없다면 어떨까요? AI에게 대필을 시키면 나의 글쓰기 능력은 더 퇴보하지 않을까요? 그러니 AI에게 대필을 시킬 때 어떤 자세로 임하느냐에 따라 나의 미래가 확연히 달라지리라는 점을 명심하기 바랍니다.

자신의 생각을 기계에게 의탁하면, 즉 인지 활동을 외주 주면 잘할 수 있던 능력이 퇴화하는 디스킬링, 즉 '탈숙련' 현상이 벌어집니다. 할 줄 알던 기술skill이 사라지는 거예요. 할 수 있었던 일을 못하게 되는 탈숙련은 인지 활동을 내려놓는 현상인 '인지적 짐 덜기cognitive offloading'라고도 부릅니다.

어떤 능력이든 사용하지 않으면 퇴보합니다. 우리의 몸도 그렇고 생각도 그렇습니다. 저는 요즘 암산을 거의 못 합니다. 한자도 예전에는 꽤 쓸 줄 알았지만 이제는 쉽지 않아요. 옥편을 참고해야 해요. 비행기 조종사가 자동 항법에 의존하다 보니 정작 조종법을 잊어버린다면 이는 여러 사람의 목숨이 걸린 심각한 문제겠지요.

물론 탈숙련이 무조건 부정적이라고 할 수는

없습니다. 엑셀을 사용하면서 회계사의 단순 계산 능력은 떨어졌겠지만, 세금 전략을 짜거나 위험을 분석하는 등 더 고차원적인 업무에 집중할 수 있게 되었을 테니까요. 그러나 이런 긍정적 효과는 이미 고된 훈련을 거쳐 전문 역량을 지니게 된 사람에게나 해당합니다.

학생 때는 밑천이 될 역량을 쌓고 언어력literacy과 수리력numeracy을 훈련해야 합니다. 학생 시절에는 힘들더라도 피나는 연습을 해야 실력이 늘어요. 2019년 OECD가 발표한 보고서 〈OECD 미래 교육과 역량 2030: OECD 학습 나침반 2030〉도 이 점을 강조한 바 있습니다.

하지만 AI는 고생스럽게 이겨내야 하는 훈련 과정을 생략하고, 안 하고도 한 척하게 해줍니다. 겉으로는 내가 해낸 것 같지만 실제로 나는 새로 할 줄 알게 된 것이 없어요. 앞의 챗GPT 실험이 보여준 무서운 함의가 그것입니다.

이를 보여주는 다른 조사도 있습니다. 2025년 3월, 《파이낸셜타임스》의 칼럼니스트 겸 기자 존 번머독은 인간의 뇌 능력이 정점을 지났다는 의견을 제시했습니다. 그는 "다양한 테스트에서, 일반인의 추론 및 새로운 문제 해결 능력은 2010년대 초반에 정점에 달했으며 그 이후로 감소하고 있는 것으로 보인다"라며 몇 가지 조사 결과를 소개했습니다.

우선 15세 학생들을 대상으로 한 읽기, 수학, 과학

성취도 OECD 국제 벤치마킹 테스트인 PISA에서 세 과목의 점수가 모두 2012년쯤 정점에 이르렀습니다. 그 이후 2012년에서 2018년 사이에 코로나 팬데믹 기간보다도 더 많은 점수가 하락했다고 합니다. 성인을 포함한 모든 연령대에서 비슷한 결과가 확인되었고요.

한편, 인간의 주의력 또는 정신 능력에 관한 장기 연구가 놀라울 정도로 부족한 와중에도 이에 관한 연구인 '미래 모니터링Monitoring the Future'은 1980년대 이후 매년 18세 청소년들에게 "생각하거나, 집중하거나, 새로운 것을 배우는" 데 어려움이 있는지 물었습니다. 이 질문에 '어렵다'고 답한 학생들의 비율은 1990년대와 2000년대 내내 안정적이었지만 2010년대 중반에 급격히 증가하기 시작했습니다.

문제의 원인은 무엇일까요? 번머독은 "텍스트에서 시각 매체로의 지속적 전환", 즉 "탈문자 시대postliterate" 사회로의 전환을 원인으로 꼽습니다. 한마디로 '독서의 감소' 때문에 지능의 퇴화가 일어나고 있다는 진단입니다.

더 중요한 점은 독서 자체의 감소보다도 "정신 집중 및 적용을 위한 인간 능력의 더 광범위한 침식"이며, "자기 주도적 행동에서 수동적 소비 및 지속적인 상황 전환으로의 이동"입니다. 디지털 미디어 시대에 스마트폰과 소셜미디어가 문제라고 하지만 더 깊게 들여다보면 실제로는 언어 정보 처리 능력부터 주의력, 작업 기억, 자기 조절에까지 미친 부정적 영향이 핵심이라는 것이지요. 말하자면 뇌의 잠재력은 여전하지만 더 이상 뇌를 쓰지 않는 것이 문제라는 지적입니다. 앞서도 본 것처럼 이런 일은 챗봇 AI의 등장으로 인해 더 심화하지 않을까 추측해볼 수 있습니다.

생산성 향상과 지능 퇴화가 같은 사람에게 일어나는 현상이 아니기 때문에 심각성이 잘 드러나지 않는다는 점도 문제입니다. 빛이 그늘을 가릴 우려가 있습니다. 한편에 AI를 활용해 업무 생산성을 향상하는 시니어(숙련자)가 있는 반면 다른 한편에는 AI에게 일을 떠맡기며 능력이 퇴화하는 주니어(학생과 신입)가 있습니다. 주니어에게 벌어지는 일에 주목하지 않으면 시니어의 빛에 가려져 주니어의 그늘은 더 짙어질 것입니다.

AI는 이미 성장한 사람을 돕는 기술입니다. 아직 더 성장해야 하는 사람을 성장시켜 주지는 않아요. AI는 역량을 증강하고 증폭하는 기술입니다. 그런데 주니어는 애초에 밑천이 별로 없어요. AI가 인터뷰 녹취를 풀어준다고 한들 기사 작성 능력이 부족한 신입 기자는 중견 기자보다 도움을 덜 받을 수밖에 없지요.

요컨대 인간 지능, 천연 지능을 잘 쓰는 사람이 AI도 잘 씁니다. 이런 문제는 특히 한창 배움의 과정에 있는 학생에게 더 크게 나타납니다. AI 사용을 독려하는 사이에 주니어는 성장할 기회를 박탈당하고 있는 것은 아닐까요? 주니어가 성장을 멈춘 사이에 시니어와의 격차가 더 벌어지고 있는 건 아닐까요?

디스킬 제너레이션의 탄생?

저는 한 세대가 통째로 인지 퇴보를 겪는 사태가 너무나 걱정됩니다. 디스킬 제너레이션Deskill Generation, 즉 탈숙련 세대가 등장하고 있는 건 아닐까 하는 우려입니다. 제1차 세계대전이 끝나고 절망과 허무감으로 가득 찬 미국의 젊은 세대를 지칭하는 로스트 제너레이션Lost Generation, 즉 '잃어버린 세대'라는 용어가 있습니다. 미국의 작가이자 시인인 거트루드 슈타인Gertrude Stein은 파리에 머물던 시절 자신의 자동차를 수리해준 젊은 정비공이 실력이 없다고 불평했다가 정비소 사장에게서 "잃어버린 세대여서 그래요Génération perdue"라는 답을 들었다고 해요.

똑같은 맥락은 아니지만, 앞 세대와 비교했을 때 현재 젊은 세대의 전반적인 인지 능력이 퇴화함으로써 결국 잃어버린 세대로 전락하는 건 아닐까요? 특히 AI에게 대부분의 일을 의탁하며 이런 일이 심화되지 않을까 하는 불길한 예감입니다.

벌써 징조가 있었어요. 2024년 12월 10일자 《이코노미스트》는 '성인이 읽는 법을 잊어가고 있나?'라는 기사에서 OECD의 2023년 조사 결과를 소개합니다.[2] 조사는 언어력, 수리력, 응용문제 해결력 등 세 가지 능력에 대해 이루어졌습니다. 그중 언어력과 관련해서 충격적인 내용은, 28%의 한국 성인의 언어력이 10세 아이 수준에 못 미친다는 것입니다(OECD 평균은 25%). 반면 고급 수준의 성인은 7%에 불과했습니다(OECD 평균은 14%). 즉 한글이라는 문자를 소리 내어 읽는 능력은 모든 성인이 갖추었을지 몰라도 읽은 내용을 이해하는 능력은 현저하게 떨어진다는 뜻입니다.

OECD는 이런 언어력이 단순한 개인 능력의 문제가 아니라 일자리 유지, 사회 참여, 공적 의사결정 과정에의 참여와 깊이 연결되어 있다고 지적해요. 여기서 말하는 사회 참여란 공무원이 되는 것을 뜻하는 것이 아니라 선거에 참여하고, 여론을 이해하고, 사회적 결정에 의견을 형성할 수 있는 능력을 말합니다. 또한 현실 세계에서 일정 수준의 성공을 이루는 데 필요한 기술과도 밀접하게 연관되어 있지요. 요컨대 좋은 일자리에 접근할 수 있으려면 언어력이 필수라는 겁니다.

---

2   https://www.economist.com/finance-and-economics/2024/12/10/are-adults-forgetting-how-to-read

특히 한국은 성인 언어력이 OECD 평균보다 낮은 것으로
나옵니다. 상당수 성인의 세상을 읽는 능력이 10세 아이
수준이며 공적 생활을 이어갈 능력이 되지 않는다는
뜻이기도 합니다. 문제는 이런 현상이 다수 선진국에서

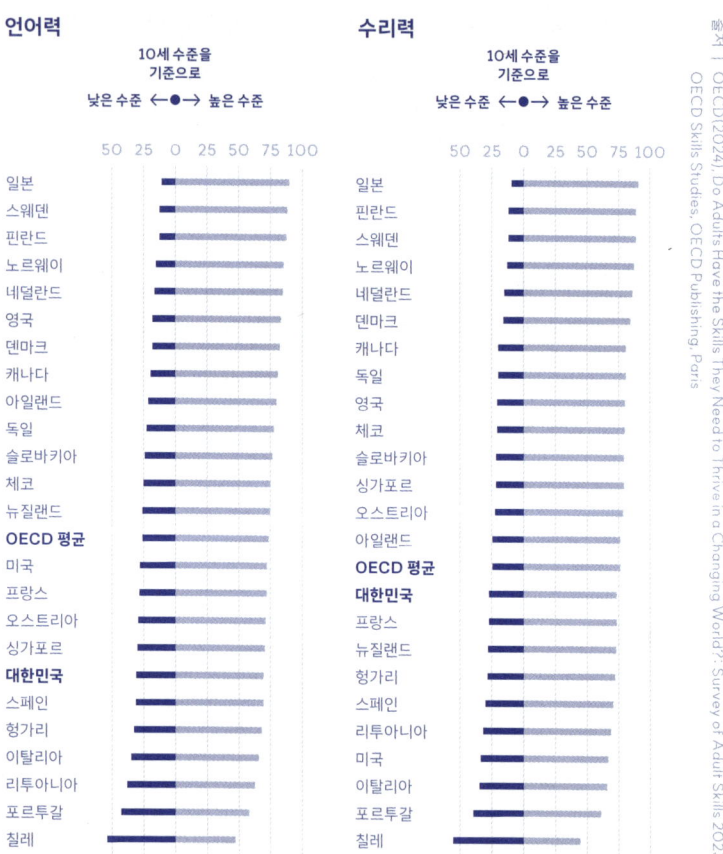

2023년 OECD 국가의 16~65세 성인 대상 언어력, 수리력 조사 결과

출처 | OECD(2024), Do Adults Have the Skills They Need to Thrive in a Changing World?: Survey of Adult Skills 2023, OECD Skills Studes, OECD Publishing, Paris

1강

동시에 진행되고 있다는 점입니다. 10년 전보다 후퇴했다는 것이지요. 세계의 미래가 걱정되는 이유이기도 합니다.

그렇다면 원인은 무엇일까요? 기사에서는 추측만 언급하는데, 제가 보기에 교육과 미디어 환경에서 원인을 찾을 수 있습니다. 진득하게 책을 읽고 계산하는 대신 기계에 맡겨버리거나 중독성 디지털 콘텐츠 소비에 빠진 나머지 능동적으로 정보를 처리하는 능력이 저하된 것이라고 확신합니다. 미디어 환경을 바꾸는 건 거의 불가능하므로 결국 교육 부문에서 개입이 절실합니다.

결론은 무엇일까요? 조금 갑갑하게 느껴질지 몰라도 '읽기'라는 것이 갖추기 힘든 고급 능력이라는 점을 아는 데서 출발해야 합니다. 듣고 말하고 쓰는 것과 함께, 읽기를 그 어느 때보다 훨씬 더 많이 가르쳐야 합니다. 입시 공부는 절대로 이 능력을 길러주지 못합니다. 유감스럽게도 긴 글, 조금 어려운 글, 복잡한 글은 한 쪽 분량의 글을 읽고 답을 맞히는 훈련만으로는 결코 읽어낼 수 없습니다.

이어서 소개할 컬럼비아 대학생의 읽기 무능력은 한국 대학에서도 똑같이 관찰됩니다. '책을 읽지 못하는 엘리트 대학생'이라는 기사가 2024년 11월《애틀랜틱》에 실렸습니다. 여기에 붙은 부제는 이렇습니다. '대학에서 책을 읽는 데는 고등학교에서 책을 읽은 것이 도움이 된다.'

《애틀랜틱》의 페이스북 계정에 요약된 기사의 내용을

거칠게 간추리면 이렇습니다.

> 니콜라스 데임스는 1998년부터 컬럼비아 대학교의 필수
> 교양 과목인 문학 인문학을 강의해왔다. 지난 10년 동안
> 그는 학생들의 변화를 느꼈다. 그들은 읽기에 압도당하고
> 있다. 한 신입생은 그에게 공립 고등학교에서 단 한
> 권의 책도 처음부터 끝까지 읽어본 적이 없다고 말했고,
> 데임스는 '어이가 없다'고 생각했다.
> 　　이러한 경향에 대한 포괄적인 데이터는 없지만,
> 인터뷰에 참여한 33명의 교수들 중 대다수는 비슷한 경험을
> 공유했다. 학생들은 이해하지 못하는 아이디어에 직면했을
> 때 위축되고, 도전적인 텍스트를 읽는 데 어려움을 겪으며,
> 심지어 소네트에 집중하는 것도 힘들어한다. '그들은 읽고
> 싶지 않은 것이 아니라, 어떻게 읽어야 할지 몰랐다.'

이 기사를 접하자마자 '그럼 우리는?'이라는 생각이 퍼뜩
들었습니다. 한국에서는 내신과 수능 준비에 독서를
요구하지 않습니다. 아니, 오히려 독서할 시간을 빼앗습니다.
'왜 공부 안 하고 책 읽니?' 이게 한국의 방식입니다.
　　읽기는 타고난 능력이 아닙니다. 실제로 읽고 쓰는
능력은 교육을 통해 습득해야 하는 후천적 능력입니다.
문자가 발명된 게 기껏해야 5,000년 전쯤이고, 제대로

된 문자는 약 2,500년 전쯤 와서야 만들어졌습니다. 읽기 능력이 유전자에 새겨지기 불가능할 정도의 짧은 시간입니다.

따라서 모든 인간 개체는 각자 어렵사리 읽기를 배워야 합니다. 대략 6세에서 12세에 이르는 시기, 즉 뇌가 말랑말랑한 동안에만 읽기 습득이 가능하다고 신경과학자들은 말합니다. 초등학교 졸업 전까지 읽기를 열심히 훈련하지 않으면 더는 읽기를 배우기 어렵다는 뜻입니다.

앞의 기사는 이 지점까지 파고들지는 않았습니다. 단지 중고등학교에서 책을 접할 기회가 적어졌고 책을 읽어야 할 동기도 줄어들었다고 진단한 정도입니다. 아이폰이 처음 나온 것이 2007년이니까, 기사에 언급된 대학생들은 어릴 적부터 손에 디지털 기기를 들고 살았을 것입니다. 이른바 '디지털 네이티브'입니다. 이들은 문자 그대로 책을 접할 기회가 적었습니다. 읽기를 훈련할 시간도 마찬가지로 적었다고 봐야 합니다.

지금 상황이 이어지면 어떻게 될까요? 평균적인 수준에서 인류 문명의 퇴보로 이어질 가능성이 높습니다. 스스로 읽고 쓰지 못하면 생각과 행동을 남에게 내맡길 수밖에 없습니다. 노예의 삶입니다. 인류 다수가 다시 노예로 전락하는, 역사의 끔찍한 후퇴를 우리가 살아 있는 동안 체험하지 말라는 법은 없습니다.

저는 앞에서 언급한 챗GPT 실험을 이런 맥락에 놓고
살펴야 한다고 봅니다. 이미 지금의 대학생 이하 모든 젊은
세대는 태어나자마자 디지털 기기를 손에 쥐었습니다.
읽기를 습득할 충분한 기회를 갖지 못한 결과 독해력이
급락했습니다. 여기에다 인지 활동을 대신해주는 AI까지
등장했습니다. 그렇다면 앞으로 어떻게 될까요? 한 세대가
'디스킬 제너레이션'이 되어버리는 것은 아닐까요?

인지 질병의 시대, 무엇을 위한 속도와 정보와 효율인가

이와 중첩되는 또 다른 문제가 있습니다. 요즘 들어 매사에
참을성이 없고 조급해졌다는 느낌이 들 때가 많지 않나요?
이건 '빨리빨리 코리아'와는 상관없는 현상입니다. 핵심은
전 세계의 현대인이 걸린 '빠르게fast'의 '인지 질병'입니다.
이것이 인류 문명의 근간을 흔들고 있습니다.

인지란 정보를 습득, 저장, 인출, 사용하는 전 과정으로,
사고, 지각, 주의력, 기억, 추론, 판단, 학습 등 인간의 마음
활동을 포괄하는 개념입니다. 역사를 통해 인간의 인지
능력은 향상됐지만 지금 위기가 닥쳤습니다. 앞서 '미래

모니터링' 조사 결과에서 확인했듯이 인지 질병으로 인해 실력이 줄어들고 생산 능력은 감소했습니다.

　　주의력이 높고, 오래 집중하고, 잘 견디고, 천천히 기다릴 줄 아는 것은 긍정적인 역량, 그야말로 '실력potentia'에 속합니다. 철학자 스피노자는 실력은 조금도 숨어 있지 않은 채 온통 발현되는 힘이라고 말합니다. 가끔 '이번에는' 실력 발휘를 못했다고 말하는 사람이 있지요? 스피노자에 따르면 이는 잘못된 말입니다. 발휘된 만큼이 그때의 실력이기 때문입니다. 물론 다음에 발휘될 수 있는 실력은 달라질 수 있습니다. 실력은 쌓으면 더 커질 수 있고, 방심하면 줄어들기 십상이니까요.

　　일본의 칼럼니스트 이나다 도요시가 쓴《영화를 빨리 감기로 보는 사람들》(2022년)은 영상물을 느긋하게 '감상'하는 대신 빨리 감기와 건너뛰기와 요약본 시청을 통해 '소비'하는 젊은이들의 세태를 분석하며 화제가 되었어요.

　　"누구도 좋은 음악을 빨리 감기로 듣지 않는다. 하지만 영상을 1.5배속으로 시청하거나 대화가 없고 움직임이 적은 장면은 주저 없이 10초씩 건너뛰며 시청하는 사람은 많다."

　　이들의 특징은 한마디로 '내 시간이 아깝다'로 요약됩니다. 따라서 이들이 가장 중시하는 것은 '시성비time performance', 즉 시간 대비 효능감입니다. 짧은 시간에 최대한의 정보를 획득하는 것이야말로 가장 효율적이라는

생각이지요. 이 책의 출간으로부터 몇 년도 채 지나지 않은
지금, 이런 세태는 세대를 불문하고 모든 현대인을 관통하고
있습니다. 모두가 숏폼 중독을 호소하고 있고요.

하지만 이들이 내세우는 '시간이 아깝다'는 명분은
정직하지 않다고 봅니다. 그렇게 아낀 시간은 어디에 쓰고
있을까요? 결국 인스타그램 릴스, 틱톡, 유튜브 쇼츠 등 1분
내외의 짧은 영상인 숏폼 콘텐츠를 넋 나간 듯 보고 있지
않나요?

이런 현상에는 몇 가지 배경이 있습니다. 디지털 기술
발전으로 영상물을 값싸고 쉽게 접할 수 있게 되었고 볼
수 있는 영상물이 넘쳐날 정도로 많아졌습니다. 정액제
아래에서는 더 많이 소비할수록 이익이라는 뷔페식당
마인드가 자리 잡았습니다. 이런 조건에서 최대한 빨리, 많이
소비하려는 마음이 생겨나는 건 당연한 일인 것 같아요. 이런
사회심리적 증상의 하나로 영화학과 학생이 장편영화 한 편을
보기 힘들어한다는 이야기가 나올 정도니 말 다 했지요.

저는 이런 변화를 삶의 상실과 관련짓고 싶어요. 작품을
음미하며 기쁨을 느끼는 대신 콘텐츠를 오락과 정보로서
대량으로 빠르게 소비할 뿐이라는 것이 내포한 문제
말이지요.

가령 추리소설을 읽는다는 것은 범인을 찾아가는
끈질기고 섬세한 과정을 즐기는 과정이지 빨리 범인을

알아내는 일이 아니었어요. 도서관에서 빌린 책의 첫 페이지에 누군가가 범인의 이름을 적어놓았다면 그보다 김새는 일도 없고요. 예전에 〈유주얼 서스펙트〉라는 흥행작이 있었어요. 오래된 영화니까 '스포'를 해도 되겠지요? 영화관 앞에서 입장객이 긴 줄을 서서 기다리고 있는데, 영화를 다 보고 나온 사람이 외쳤어요.

　　"절름발이가 범인이다!"

　　다들 그 사람을 죽이고 싶어 했다는 우스갯소리가 있지요.

　　그러나 최근의 트렌드는 '스포 환영'입니다. 미리 내용을 알고 나서 볼지 말지 정하겠다는 것이에요. 이러한 시성비 소비는 콘텐츠를 온전히 소화한 것 같은 심리적인 가짜 포만감을 불러옵니다.

　　이것은 요령 있는 능동적 시청일까요? '태어났다가 죽더라'는 줄거리로 요약된 삶보다 중요한 건 여백을 담은 삶의 디테일이 아닐까요? 삶의 희로애락은 구체성 속에 있습니다. 만남과 헤어짐에도 무수한 사연이 있어요. 우리는 그걸 보며 함께 울고 웃는 것 아닌가요? 도대체 무엇을 위한 속도와 정보와 효율인가요?

　　이 현상을 기술과 인지 활동의 측면에서 살펴보겠습니다. 디지털 기술 및 미디어 환경의 변화와 더불어 인간의 인지 구조, 뇌 배선이 빠르게 바뀌고 있습니다. 가장 심각한 문제는 과정과 깊이가 사라졌다는 점이지요. 현대인은 콘텐츠를

'경험'하지 않고 '처리'합니다. 긴 글을 읽지 않고, 영화를 축약해서 보고, 책을 음미하지 않아요. 이제 주의는 산만하고, 오래 집중하지 못하고, 천천히 기다리는 걸 못 견디게 되어버렸습니다. 그래서 얄팍해졌습니다.

이는 취향의 문제가 아니라 인지 구조가 바뀌었다는 징조입니다. 우리의 행동이 좋고 싫고에 따라 이루어지는 게 아니라 '그럴 수밖에 없어졌다'는 의미예요. 현대인의 인지는 느리고 고된 과정을 견디지 못하게 변해버렸습니다. '옛날이 좋았다'는 낭만적 향수를 말하려는 게 아닙니다. 오히려 인간의 인지 건강이 심각하게 병들었다는 경보음에 귀 기울여야 합니다. 인지 질병은 인간이 전에는 할 줄 알던 일을 더는 못하게 되는 증상으로 나타납니다. 디스킬, 즉 탈숙련입니다.

시성비를 받들며 빨리 감기와 건너뛰기와 요약본 시청을 하는 현대인이 얻는 것은 무엇일까요? 이들이 신성시하는 속도와 정보와 효율의 결과는 무엇일까요? 덧없고 순간적인 재미, 더 많이 수집했다는 우월감, 화제와 유행에 뒤처지지 않았다는 안도감, 과시와 허영심, 그 뒤로 슬쩍 찾아오는 허탈감 아닌가요?

이들은 얄팍한 쾌快를 누리는 대가로 훌륭한 소비자로 길듭니다. 이와 함께 이들은 점점 더 잘 소비합니다. 하지만 생산자로서의 실력은 점점 퇴화해요. 무릇 실력은 훈련 과정을 잘 견딤으로써 길러지는 법이니까요.

　　아무리 빨리 감고 건너뛰며 요약본을 본들 무슨 소용이 있겠어요? 정보를 더 많이 수집한다 해도, 정보를 종합하고 응용하는 능력은 사라진 지 오래입니다. 그러니 단편적인 정보만 쌓일 뿐 의미 있는 연결은 일어나지 않으며, 생산과 창작으로 이어지지도 못해요. 정보의 정밀도와 깊이를 파악하지 못할진대 정밀하고 깊이 있는 정보를 만들 수는 없는 노릇입니다. 더 많은 정보를 얻을지는 몰라도 그것은 '인증샷'일 뿐이지요. 뒤에서 동영상 시청과 책 읽기의 차이도 더 살펴볼게요.

　　문제는 시성비를 추구하는 인지 질병이 개인 취향이 아니라 현대 사회의 기술 구조와 이로 인해 형성되는 사회심리에서 생겨난다는 점입니다. 경쟁적으로 쏟아지는 무수한 콘텐츠, 언제라도 거기에 접근하게 해주는 통신망과 스마트 기기, 소비자의 지갑을 노리는 기업들의 경쟁, 이런 와중에 쫓기듯 시성비를 누려야 만족감을 느끼는 소비자. 이 고리에서 벗어나려면 어떻게 해야 할까요? 벗어날 길이 있기는 있는 걸까요?

　　시성비를 추구하기보다 시간을 바쳐야 합니다. 실패를 거듭하며 틈을 메꿔가는 과정, 이런 시행착오를 경험이라고 하지요? 경험이라는 스승은 공짜가 아닙니다. 경험은 낭비가 아니며 압축으로 얻어지지 않습니다. 경험에는 시간이 필요합니다. 깊이를 만드는 건 과정이요, 시간입니다. 학습이 성공하려면 주의하고, 집중하고, 잘 견디며, 기다려야 합니다.

적어도 한 가지는 분명하게 말할 수 있습니다. 초대량 소비 시대에, 생산하는 실력은 최고의 자원입니다. 생산 실력은 '빠르게'에 저항함으로써만 길러질 수 있습니다. 그것은 꾸준한 근력 운동과도 비슷합니다.

'빠르게'의 시대에 대처하는 지혜로 '느림slow'을 꼽곤 합니다. 느림은 '걸리는 시간이 길다'라는 뜻으로, 중립적 개념이지요. 저는 느림보다 '천천히leisurely'를 내세우고 싶습니다. 천천히란 '급하지 않고 느긋하다'라는 뜻입니다. 여기에는 실천적인 함의가 큽니다. 로마 제국 초대 황제 아우구스투스의 좌우명으로 알려진 "천천히 서둘러라Festina lente!"라는 말이 있습니다. '천천히'와 '서두르다'는 겉보기에 서로 모순됩니다. 하지만 천천히 해야 실속이 채워집니다.

앞으로는 천천히 사는 것이 가장 값진 실력입니다. 모두가 빠르게의 인지 질병에 걸린 시대에, 천천히야말로 시대를 거스르는 진짜 실력입니다. 하지만 그것이 소수 엘리트에게만 허락되는 몫으로 남지는 않을까요?

언어력은 권력의 문제다

우리는 읽기를 별것 아니라고 생각합니다. 눈 떠서 잠들 때까지 늘상 하는 활동이라는 것이지요. 일정 부분 사실입니다. 하지만 여기서 말하는 읽기는 대체로 글자를 발음할 줄 안다는 의미에 가깝습니다. 진정한 읽기란 무엇일까요?

"세상에서 가장 착한 검둥이도 글을 알면 버릇이 없어진다. 지금 저 검둥이에게 글을 가르치면 마음대로 부릴 수가 없다. 당장 말을 듣지 않을 것이고 그런 노예는 주인에게 쓸모가 없다. 노예에게도 좋을 것이 없다. 만족을 못 하니 불행해진다."

미국의 인권운동가 프레더릭 더글러스Frederick Douglass의 증언입니다. 자고로 글은 권력이었고, 지배자는 노예에게 글을 금지했습니다. 글을 읽고 쓰는 능력, 즉 '언어력'은 일차적으로 권력의 문제였습니다.

왜 언어력을 길러야 할까요? 우선 경험을 확장하기 위해서입니다. 동물도 태어난 이후 경험에서 배울 수 있습니다. 이걸 직접 경험이라고 하지요. 인간은 직접 경험뿐만 아니라 타인의 경험에서도 배웁니다. 동서고금과 동시대의 지식과 기술이 글에 담겨 있고, 그걸 읽어서 자신의 것으로 만들지요. 인간만의 능력이자 실력을 키우는 가장 좋은 방책이기도 합니다.

그러나 언어력을 기르는 건 무엇보다도 노예로 살지 않기 위해서입니다. 자신이 노예로 사는지조차 모르는 일이 없어야 하기 때문입니다. 남에게 의탁하지 않기 위해서입니다. 자유인으로 살기 위해서입니다.

언어력은 사치의 영역이 아닙니다. 언어력은 기본권의 문제입니다. 본디 권리란 남이 주는 것이 아닙니다. 흔히 '타고난 권리' 운운하지만, 실제로 권리란 구성되는 것이고 쟁취하는 것입니다. 어떤 것이 정당하다는 이유만으로 권리가 도출된 적은 한 번도 없습니다. 권리를 쟁취해야 자기 자신으로 존재할 수 있습니다. 권리를 쟁취하는 수단이 언어력입니다.

또한 언어력은 개인 실력의 핵심입니다. 언어력이 중요하다는 것을 강조한다고 모두가 언어력을 기를 수 있는 건 아닙니다. 언어력은 피나는 노력을 통해서만 얻어지니까요. 운동이 몸에 좋다는 건 다 알지만 실제로 운동하는 사람은 많지 않은 것처럼, 언어력도 그러합니다. 다만 언어력이 좋은 것이라는 걸 모르는 사람이 많다는 점도 지적해야겠습니다.

아이들이 언어력을 기르는 훈련 과정을 싫어하고 거부할 수는 있습니다. 그렇다고 해서 기성세대로서 그런 아이들을 '오냐 오냐' 받아주는 건 무책임한 일입니다. 나아가 아이들의 역량을 기를 수 있는 기회를 사전에 박탈해서도 안 됩니다. 교육이란 교사의 최선의 노력과 병행되어야 하는 법입니다.

앞으로 사회적 격차와 불평등은 언어력 여부로 가름될 수밖에 없습니다. AI는 증강 기술이자 개개인의 역량을 증강하는 기술인데, 언어력이야말로 모든 역량의 핵심입니다.

과거 읽고 쓰기는 인문학의 몫이었습니다. 자연어 능력이 곧 언어력이던 시절, 인문학은 권력의 중심에 있었습니다. 이제 제가 말하는 '확장된 언어' 상황에서, 즉 자연어에 보태 수학, 자연과학, 기술, 예술, 디지털도 언어가 된 지금, 필요한 건 '확장된 언어력'입니다. 이 점에서 전통 인문학은 한참 뒤처져 있습니다.

역량 교육은 기성세대의 의무이자 책임입니다. 언어력을 강조하는 것이 언어력이 모자란 사람을 겁박하는 일로 비치면 안 됩니다. 오히려 언어력을 외면하고 회피하려는 사람을 어떻게 잘 설득하고 이끌어야 할지 고민해야 합니다. 언어력을 키우는 일은 성인에게는 자기 자신에 대한 의무이기도 합니다.

언어력은 학교 성적도 시험 점수도 아닙니다. 그것은 세상을 읽고 쓰기 위한 생각의 기초 체력입니다. 따라서 언어력의 강조는 엘리트주의와 상관없으며, 기성세대가 모든 미래 세대에게 제공해야 하는 교육 서비스의 중핵입니다.
그것은 기성세대의 의무이자 책임입니다.

지금 기성세대는 아이들에게 무슨 짓을 하고 있나요?
학교가, 입시가, 대학이 언어력을 길러주는 데 집중하고
있나요? 아니면 언어력 향상과는 전혀 상관없는 일에 시간을
허비하도록 만드나요? 공부하면 할수록 무능력해지는
교육과정을 시행하고 있는 건 아닌가요?

능력에 따라 분배하는, 이른바 '능력주의'는
철학적으로도 과학적으로도 문제가 많습니다. 능력은
노력에서도 나오지만, 유전과 성장 배경 같은 요인에서도
나오니까요. 그렇지만 능력주의를 비판한다고 해서 '능력'
자체를 비판하는 우를 범해서는 안 됩니다. 능력, 또는 더
정확히 말해 역량은, 무언가를 할 수 있는 힘입니다. 역량에
따라 줄 세우기를 하는 것도 곤란하지만, 역량을 기를 수
있도록 도와주지 않는 것은 무책임한 일입니다.

우리 성인들도 마찬가지입니다. 이제는 핑계로 둘러댈
것도 없습니다. 자신의 실력을 스스로 길러야 합니다. 이에
대해서는 4강에서 자세히 살피도록 하겠습니다.

AI에게 요약을 시키면 벌어지는 일

그럼 AI에게 글쓰기 말고 단순 업무만을 도와달라고
요청해보면 어떨까요? 예를 들어 AI에게 요약을 시킨다고
해봅시다. 그런데 사용자가 원문을 읽지 않은 상태로
요청한다면 종종 문제가 생깁니다. 2강에서 자세히
이야기하겠지만, AI가 요약 작업을 할 때면 잘못된 방식으로
가공하는 문제, 원본에 없는 내용을 이야기하는 문제, 정작
중요한 내용을 빠트리는 문제가 생기곤 합니다. 이런 점들을
교정하지 못하면 낭패를 보는 거지요. 그렇다면 AI에게 일을
맡겨봐야 별 소용 없을 거예요.

　　제가 생각하기에 AI를 통한 요약은 어떤 긴 텍스트를
읽기 전에 대략 어떤 내용인지 미리 확인하기 위해 활용하는
경우에 유용합니다. 읽기 전에 AI를 한번 돌려보고 직접
읽을지 말지를 결정하기 위한 입구로 활용하는 거지요.
물론 긴 글을 다 읽고 나서 요약을 맡길 수도 있어요. 이런
경우라면 요약된 내용을 자신이 감수할 수 있으니 문제는
없을 거예요. 하지만 직접 요약하면서 강약과 뉘앙스를
조절하는 게 더 설득력 있지 않을까요?

　　다른 상황을 보지요. AI가 번역 작업을 해주는 경우가
있습니다. 그런데 AI가 문장을 빠트리거나 원문에 없는
문장을 끼워넣거나 엉뚱하게 번역하는 경우가 가끔 있어요.

그래서 결과물을 읽으면서 이상한 부분을 자기 자신이
잡아낼 수 있어야 합니다. 그럴 수 있어야 원문 대조를
해보거나 다른 AI에게 다시 번역을 시켜서 검증하는 등 후속
작업을 할 수 있겠지요.

결국 스스로 문장과 문맥을 이해하고 내용을 알아보는
능력이 없다면 AI 기술은 크게 의미가 없습니다. 제가
언어력을 강조하는 이유가 바로 이것입니다. 한마디로
AI와의 협업은 대등한 형태의 협업이라기보다 부하 직원에게
일을 시켜서 도움을 받는 형태의 협업인 셈이지요. 특히 AI가
나의 일을 다 해주고 있다면 걱정해야 합니다. 사장님이
나에게 계속 그 일을 맡길 이유가 없어질 테니까요. 그래서
AI로 대체할 수 없는 나만의 일을 지키는 것이 중요하다고
강조하는 거예요.

그리고 이런 상황일수록 모국어를 잘하는 능력이
중요합니다. 예를 들어 영어로 된 글을 한국어로 번역하는
일을 AI가 99% 정확하게 해준다고 해봅시다. 그런데 나에게
번역된 결과물을 읽어낼 능력이 없으면 아무 의미가 없어요.
그러니까 나 자신에게 독해력이 있어야 원래 한국어로 쓴
글이든 외국어를 한국어로 번역한 글이든 나의 것으로 삼을
수 있는 겁니다. 나의 독해 능력을 더욱 키워야 하는 이유가
그것이에요.

'AI가 다 해주니까'라고 생각하면서 독해력을 기르는

일을 소홀히 하는 경우가 많은데요. 저는 거꾸로 이 독해력, 조금 더 넓게는 언어력, 그러니까 듣기·말하기·읽기·쓰기 능력을 갖추는 것이 AI 시대에 훨씬 중요해졌다고 생각합니다. AI 시대에 언어력을 갖추게 된다면 말 그대로 전 세계 언어가 내 것이 되고, 전 세계 지식이 내 것이 됩니다. 그야말로 '땡큐' 아닌가요?

생각을 멈춘 미래

이렇게 AI를 자신의 능력을 강화하는 '도구'로 사용하지 못하고 전적으로 의존하게 된다면 인류 수준에서 어떤 일이 벌어질지 생각해봅시다. 인간은 생각을 멈추게 될 겁니다. 더 나아가면 인간의 지능이 평균적으로 낮아질 거예요. 앞에서 영화 〈월-E〉를 말했었지요? 구태여 내가 직접 생각할 필요가 없어지고, 머리를 쓸 일도 없어집니다.

　　머리를 안 쓰고 배우지 않으면 결국 사람들은 멍청해지고 반지성이 득세할 거예요. 인류가 계몽주의 이후 획득한 굉장히 소중한 가치들이 있습니다. 신분제 타파, 성평등, 민주화, 복지, 포용, 배려 등이 그것입니다. 그런데 반지성이 득세하면 더는 이런 가치들을 따르지 않게 되는

거지요. 왜 그것들이 소중한지 이해를 못하니까요. 전근대
사회로 돌아가 "노예제 좀 하면 어때?", (지금 몇몇 국가에서
여전히 그렇듯) "감히 여자가!"라는 식의 이야기를 하게 될
겁니다.

　AI에게 모든 일과 판단을 의탁할 경우 이런 현상은
더 가속화될 겁니다. 한번 생각해보세요. 우리 아이들이
스스로 생각하는 훈련을 멈추면 어떻게 될까요? 이 결과가
축적되면서 30년만 지나면 인류의 상당수가 아무 생각 없는
인간이 됩니다. 인구 구성 자체가 바뀌는 것이지요. 굉장히
우려되는 상황입니다.

　결국 배우는 인간, 생각하는 인간, 언어력을 갖춘 인간이
신인류의 지배 계층이 될 것 같아요. 물론 그렇게 되기 전에
AI를 무기로 삼은 빅테크가 무지몽매한 대다수 인간을
지배하게 되겠지만요. 비유가 아니라 실제로 AI를 무기로
쓰는 일이 벌써 벌어지고 있잖아요? 적어도 대다수 인간에게
아무 기회가 없을 것만은 분명해 보입니다.

　그렇다면 인간 본연의 역량과 사고력을 기르기 위해
어떻게 해야 할까요? 제가 고민 끝에 내린 결론은 읽기와
쓰기, 즉 언어력입니다. 읽기에 익숙하지 않은 사람은 글을
읽었을 때 전반적인 내용을 파악하지 못하고, 본인이 보고
싶은 내용만 봅니다. 기존에 가지고 있었던 본인의 생각을
확인하고 강화하는 수준에 머무르지요. 추가적인 배움이

없다면 도대체 왜 읽는 거죠? 따라서 읽는 행위보다 더 중요한 건 읽는 능력을 키우는 일입니다. 그러려면 제대로 읽는 행위를 연습해야 합니다.

　제대로 잘 읽는 방법 중 하나는 여러 사람이 함께 읽는 것입니다. 요즘 '트레바리'나 '그믐' 같은 북클럽들이 흥하고 있어요. 함께 읽기가 읽기 능력과 사고력을 기르는 데 도움이 된다는 걸 참가자들이 느끼기 때문인 것 같습니다. 같이 읽고 의견을 나누면서 읽는 힘, 언어력, 생각하는 힘이 성장하는 걸 체험하는 거지요. 더불어 읽은 내용을 글로 정리해보기, 즉 읽기와 쓰기를 병행하면 분명히 생각하는 힘이 커집니다. 더 구체적인 방법은 4강에서 알려드릴게요.

　이제부터 본격적으로 인간의 역량을 기르기 위한 수단들, 대표적으로 확장된 인문학, 고급 독해력, 글쓰기에 대해 이야기해보고자 합니다. 가장 먼저 확장된 인문학에 대해 알아보겠습니다.

확장된 인문학

확장된 인문학을 설명하기에 앞서 과거의 인문학이 어떤
것이었는지 살펴보면 이해가 쉬울 것 같습니다. 과거의
인문학은 언어를 중심으로 이루어졌습니다. 문학, 역사, 철학
등이 인문학의 중심에 있었지요. 따라서 인문학 활동은 언어
활동과 거의 같았습니다.

앞에서도 보았듯 언어를 배우면 세계가 넓어집니다. 또
언어마다 보여주는 세계가 조금씩 다릅니다. 특정 언어가
아니면 결코 포착되지 않는 세계가 있죠. 우리는 다른 언어를
통해 표면적으로 바라보던 세계를 조금 더 입체적으로 보게
됩니다. 더 복잡한 차원의 입체적인 세계를 보면 세상을
이해하는 능력 자체도 향상됩니다. 남들이 못 보는 걸 보고
이야기할 수 있으니 당연히 안목과 관점과 비전이 전부
확장되겠지요. 그러니 언어는 세계이고, 더 많은 언어는 더
크고 넓은 세계입니다.

과거에는 기본적인 언어력만 있으면 세상을 잘 읽을 수
있었기 때문에 언어를 구사한다는 것 자체로 힘이 있었지요.
과거 미국에서는 노예가 자유인이 될까 봐 글을 가르치지
않았다는 걸 보았지요? 글을 배운다는 건 세상을 읽고
자유로워질 수 있다는 의미였습니다.

하지만 과거에는 언어가 자연어에 국한되었습니다.

한국어, 영어, 중국어 같은 일상의 언어들이지요. 과거에는
자연어 속에 지식과 기술이 대부분 담겨 있어서 자연어를
통해 지식과 기술을 습득했습니다. 제가 진단하기에
오늘날의 언어는 이 자연어의 범위를 훨씬 뛰어넘었습니다.
언어라는 것은 세상을 읽고 세상에 무언가를 표현하는
수단인데 오늘날에는 그 수단이 확장되었으니까요.

오늘날 세상을 읽고 무언가를 표현하기 위해서는
자연어뿐 아니라 수학, 자연과학, 기술, 디지털, 예술 등
다양한 형태의 언어를 이해해야 합니다. 지금의 세상은
확장된 언어로 쓰여 있습니다.

우리에게 필요한 언어에는 무엇이 있을까요? 우선 수학,
과학, 기술 분야에서 사용되는 언어가 있습니다. 수학과
과학 등을 '언어'라고 생각한다는 것은, 내용을 이해하려는
접근과는 조금 다릅니다. 얼마만큼 그것이 담고 있는 내용을
깊이 습득하느냐의 문제가 아니라 해당 분야에서 언급되는
기초 언어를 습득해야 한다는 거지요. 신문이나 책을 읽고
이해할 수 있을 만큼의 능력은 갖춰야 해요.

예를 들어 과학에서 '촉매'리 는 게 무엇을 말하는지,
'양자 얽힘'이라는 게 무슨 뜻인지, 수학에서 '미분'이라는 게
뭔지 아는 거예요. 보통 이런 단어를 얼핏 들어보기는 했지만
진짜 의미는 모르는 채 넘어가거든요. 하지만 진짜 의미를
알게 되면 세상을 이해하는 폭과 깊이가 커집니다. 따라서

이런 지식도 일종의 언어라는 차원에서 이해해 둘 필요가
있습니다.

　이렇게 자연어를 넘어 '확장된 언어력'을 갖추어야 이
시대에 필요한 독해력을 갖출 수 있고, 정보의 홍수 속에서
살아갈 수 있습니다. 그뿐 아니라 시대의 변화를 읽는
언어력이 있어야 노예로 살지 않고 내가 직접 판단할 수
있어요.

　그렇다면 이 능력을 어디에서, 어떻게 배워야 할까요?
확장된 언어력을 기를 수 있도록 가르치는 활동을 이제는
교육의 핵심으로 삼으면 좋을 듯합니다. 인문학의 범위가
확장되어야 한다는 제안입니다. 과거의 인문학은 최근에
통용되는 확장된 언어를 담아내기에는 부족합니다.

　넷플릭스 시리즈 중에〈더 체어〉라는 작품이 있습니다.
미국 한 명문 대학의 영문과에서 일어나는 일을 그리고
있는데요. 이 과가 거의 망해갑니다. 교수는 14세기에
활동했던 시인을 가르치는데 학생들은 태블릿과 노트북을
펴놓고 딴짓을 해요. 학생들이 원하는 것과 학교에서
가르치는 인문학 사이에 괴리가 있기 때문이지요.
교수에게는 중요한 영문학이 결국 학생들에게는
외면받습니다.

　이는 실제로 전 세계적으로 벌어지고 있는 일입니다.
한국에서도 비슷해요. 드라마 속 교수들은 본인이 인문학을

좋아하고 재미있다고 느끼기 때문에 연구하는 거겠지요. 하지만 학생들의 경우에는 어떨까요? 적어도 강의 내용이 학생들에게 울림을 주지는 못하는 것 같아요.

사실 인문학 연구자가 하는 이야기, 강연, 칼럼 등을 보면 이들이 세상의 흐름을 제대로 따라가면서 읽어내지 못한다는 느낌을 많이 받습니다. 내용이 현실적으로 썩 와닿지 않아요. 뜬구름 잡는 이야기 같다는 생각이 들 때가 많거든요. 이것은 어떤 불일치를 드러냅니다. 〈더 체어〉의 교수들, 그리고 현실과 동떨어진 이야기를 하는 인문학 연구자들은 예전에는 독보적인 지위를 차지하고 있었습니다. 하지만 지금은 달라요. 이들 자신이 확장된 언어력을 획득하지 못했습니다.

확장된 언어를 가르치기 위해 교육 내용이 완전히 바뀌어야 한다면 그것은 누가 가르칠 수 있을까요? 당연히 한편에는 전통적인 인문학 연구자들이 자리하고 있겠지만 다른 한편에는 수학과 자연과학, 디지털, 예술 분야의 전문가들이 자리해야 할 겁니다. 이들이 가르치는 내용도 일종의 인문학, 즉 확징된 인문학인 시대니까요. 확장된 인문학이라는 이름 아래에서는 전통 인문학 말고도 수학, 자연과학, 디지털, 예술 모두가 인문학일 수 있습니다. 모두 함께해야 합니다.

'융합형 인재'의 진짜 의미

확장된 언어력, 확장된 인문학을 교육에 적용하면 어떤
장점이 있을까요? 흔히들 '100세 시대'라는 말을 하는데요.
100살까지 살아가다 보면 본의 아니게 직업을 완전히
바꿔야 하는 상황이 닥칠 겁니다. 어떤 미래학자는 미래에
한 사람의 직업이 열 번 정도 바뀔 것이라고 예측하지만
미래학자들은 과장하는 경향이 있으니 네댓 번 정도
바뀐다고 생각해보지요.

　아닌 경우도 있겠지만 새로운 직장에서 일하려면
일을 새로 배워야 합니다. 어떤 일이든 가리지 않고 새로
배우는 것이 가능할까요? 현재 방식의 교육으로는 이래저래
따라가기 어렵습니다. 현행 교육 체계에서는 중고등학생 때
누구는 문과, 누구는 이과라는 식으로 학습 방향을 정하기
때문입니다.

　이는 '영원한 이별'이라고 표현할 수 있을 정도의
갈라짐입니다. 한쪽을 선택하고 나면 반대쪽은 쳐다보지도
않는 방식으로 교육을 받아왔어요. 물론 이것이 개개인의
잘못은 아니지요. 어쨌든 현재 상황에서는 나이가 든
후, 내가 선택하지 않았던 영역을 새로 배운다는 게 거의
불가능하게 되었습니다.

　그럼 이러한 상황에서 교육은 어떻게 바뀌어야 하고

우리는 어떻게 대비해야 할까요? 특히 이미 성인이 된
상태라면 어떻게 해야 할까요? 몇 년 동안 고민하고 연구한 이
주제를 제 책《공동 뇌 프로젝트》3장에서 깊게 다루었습니다.

　　우선 개인 차원에서는 지금까지 배우지 않았던 영역을
최대한 배우려고 노력할 필요가 있습니다. 기본적인
용어들이라도 많이 익히면 도움이 될 거예요. 배우려고
노력하는 그 자체가 벌써 학습력을 기르는 데 도움이
되거든요. 수학이나 과학, 기술 분야의 어려운 이야기들이
나왔을 때 당황하지 않을 정도까지는 준비하면 좋겠어요.
한 번 더 강조할게요. 새로운 걸 배우려는 용기 있는 태도
자체가 소중합니다.

　　물론 어릴 때부터 확장된 언어, 확장된 인문학을 충분히
배웠다면 성인이 된 뒤 재교육이 훨씬 수월해지겠지요.
지금까지는 그렇지 못했지만 교육 개혁의 큰 방향은 그렇게
되어야 할 것입니다.

　　'융합'이 시대의 화두가 된 지도 벌써 20년이
지났습니다. 생물학자 최재천 교수가 에드워드 윌슨Edward O.
Wilson의 저서《통섭 : 지식의 대통합》을 번역해 한국에 소개한
게 2005년입니다. 그때부터 통섭, 융합, 융복합, 초학제,
간학제…. 이런 비슷한 용어들이 엄청나게 쏟아져 나왔지요.
그런데 지난 20년을 돌아보면 실질적으로 이루어진 것은
별로 없습니다.

이런 접근은 미국에서 시작했는데요. 학제 간 융합 시도로 가장 유명한 곳은 MIT의 미디어랩입니다. 앞에서 챗GPT가 인지에 미친 영향을 연구한 곳도 여기였지요. 거의 40년의 역사를 가진 곳인데, 사실 이곳도 '망해간다'는 목소리가 들려오고 있습니다. 다른 예로 '융합' 하면 떠오르는 게 아이폰인데요. 이것 말고 다른 예시를 들어보라고 하면 잘 안 떠올라요. 2007년에 출시된 아이폰이 아직도 융합의 대명사라는 사실 자체가 현실적으로는 거의 융합이 이루어지지 못하고 있다는 뜻입니다. 안타깝지만 융합의 성공 사례는 그다지 많지 않다는 것이 현실입니다.

이렇게 융합의 시도가 계속 실패하는 이유 중 하나는 융합이 잘못 규정되어 있기 때문입니다. 이것이 다양한 융합 시도의 맹점이었어요. 한국 교육의 맹점이기도 하고, 외국도 다를 바 없습니다. 융합은 개인이 하는 작업이 아닙니다. 융합은 항상 팀 작업이에요. 한 사람이 두 개 이상의 전문 분야를 익히고 자기 안에서 종합한다는 것은 거의 불가능합니다. 왜냐하면 한 분야에서 전문가가 되기도 쉽지 않거든요.

따라서 융합의 본질은 스스로 한 분야의 전문가가 되어 다른 분야의 전문가들과 협업하는 것입니다. 그래야 시너지가 나요. 뒤에서 언급하겠지만 독서 모임을 만들 때도 최대한 다른 분야에서 활동하는 사람들과 함께하는 것이 좋습니다. 이유는 세계관의 다양성을 확보하기 위해서예요.
다양한 사람, 다양한 분야의 전문가가 모이면 뭔가 생각지도
못한 결과를 얻어낼 수 있습니다.

그런데 다양한 분야의 전문가가 협업하는 과정에서
가장 큰 문제는 뭘까요? 말이 잘 안 통해요. 제가 다양한
분야의 전문가들을 만나서 자문도 구하고 대화도
나누어봤는데요. 융합 작업 실패의 이유가 서로의 분야에
대해 말이 통하지 않아서 매번 부동산이나 골프 이야기로
빠지고 말기 때문이라는 결론을 내리더군요.

1959년에 C. P. 스노우Charles Percy Snow라는 학자가
미국에서 두 문화Two Cultures라는 강의를 하고《두 문화》라는
책으로도 냈습니다. 핵심은 인문학과 과학이 서로 단절된 '두
문화' 상태를 극복하고 서로의 언어와 관점을 이해하며 함께
사고해야 한다는 거예요. 하지만 이 문제는 벌써 70년 넘게
개선되지 않고 있습니다. 한국도 마찬가지고요.

서로 다른 영역의 언어를 익히면 대화가 가능할 것이고
그 대화를 통해서 융합적인 결과가 나오겠지만 그게 잘
안 되고 있어요. 다른 영역의 언어를 익히는 일은 특히
창작과 관련된, 크리에이티브 작업을 하는 사람에게는 꼭
필요합니다. 다른 분야의 언어, 최소한 기본 어휘들을 익히고
이해하려는 노력이 굉장히 소중해요. 그래야 그로부터
창의적인 다른 생각이 떠오를 수 있습니다.

고급 독해력이 필요한 이유

이제 고급 독해력 이야기를 해보겠습니다. 독해력은 확장된
언어보다는 전통적인 자연어와 더 관련이 깊어요. 독해력을
기르면 좋은 점은 한 권의 책을 읽더라도 남보다 더 깊게,
더 많이 파악할 수 있다는 것입니다. 이거야말로 '시성비'의
'끝판왕'이지요.

　　독해력이 떨어지면 한 권의 책을 읽었을 때 그 안에서
얻을 수 있는 내용이 전체 분량의 10분의 1밖에 안 될 수
있습니다. 반면 독해력이 뛰어나면 그 책에서 말하는 내용을
훨씬 넘어선 결과까지 스스로 뽑아낼 수 있어요. 읽다 보면
생각의 가지가 뻗어나가며 다른 아이디어로 확장되는
거지요. 그러니 독해의 결과물이 양적으로도 질적으로도
엄청나게 커집니다. 게다가 읽을수록 더 빨리 읽을 수 있게
되고, 더 많이 얻어낼 수 있고, 더 깊게 들어갈 수 있게
됩니다. 일종의 선순환 회로가 형성되는 거지요.

　　그리고 독해력이 뛰어나면 요약도 잘할 수 있습니다.
요즘 요약을 챗GPT에게 시키는 경우가 많지요. 요약을 쉽게
보는 경향이 있는데, 요약은 그리 간단한 활동이 아닙니다.
요약은 자기 바깥쪽에 있는 지식을 자기 내면에서 응축하는
과정이에요.

　　그렇기 때문에 요약 과정에는 자신의 관점과 안목이

녹아 들어가지요. 어떤 부분이 중요한지에 대한 판단도 섞여 들고요. 요약은 어떤 내용을 소화해서 자기화하는 과정이며, 엄연히 훈련해야 길러지는 고급 능력입니다.

그리고 요약은 상당히 실용적인 능력이기도 해요. 예를 들어, 요약 능력을 갖추면 한 권의 책을 A4 한 페이지로 요약하는 것도 가능하고 세 문장으로 요약하는 것도 가능합니다. 한 권의 책을 최대한 압축해서 가장 중요한 핵심을 뽑으려면 요약 능력이 필수입니다. 그런 능력을 키울 기회를 설마 챗GPT에게 상납하려는 건 아니지요? 앞에서 말했듯 챗GPT의 본질은 대필 작가인데 말입니다.

'3분 PT', 다른 말로 '엘리베이터 스피치'라고 들어봤나요? 우연한 기회에 회사 대표와 같은 엘리베이터에 탄 직원이 내릴 층에 도착할 때까지 그 짧은 시간 안에 본인의 아이디어를 다 설명해야 하는 상황입니다. 영화에서 가끔 이런 장면이 나오지요. 이걸 잘하면 본인의 아이디어를 실현하는 거고, 잘 안 되면 실패하겠지요.

이런 이야기를 하면 '역시 말솜씨가 좋아야 한다'고 생각하기 쉬운데 그게 아닙니다. 자신이 말히고자 하는 내용을 얼마나 소화하고 요약할 수 있느냐가 결정적인 능력입니다. 이렇게 짧은 글이나 말로 자신의 주장을 전달하고 설득하려면 밑바탕에 요약 능력이 받쳐주지 않으면 안 됩니다.

가끔 말은 그럭저럭 잘하는데 이상하게 글은 잘 못 쓰는 사람이 있습니다. 이런 사람이 보낸 메일은 읽어보면 조금 어색한데, 만나서 충분한 시간을 갖고 이야기를 해보면 청산유수입니다. 왜 이런 일이 벌어질까요?

생각을 압축해서 글로 정리하는 연습을 조금 덜 한 겁니다. 길게 말할 땐 조금 덜 정리되어 있어도 다 전할 수 있거든요. 자기 생각이 정리되어 있으면 시간이 짧게 주어지더라도 표현은 자연스럽게 나와요. 요약 훈련이 되어 있으면 말로 표현하는 과정은 몇 번의 연습으로 극복할 수 있습니다. 문제는 그 앞 단계, 생각을 압축하고 정리하는 훈련이 안 되어 있는 경우지요.

그러니 스피치 학원을 다닌다고 본질적인 문제가 해결되는 게 아닙니다. 자기 안에서 생각의 흐름을 잡고, 정리하고, 요약하는 훈련을 많이 해야 해요. 사실 이런 것들은 학생 때 충분히 배우고 훈련해야 하는데 많은 사람이 이 능력의 중요성을 깨닫지 못해서 거의 다 무시하고 사회에 나와요. 그 뒤에 비싼 돈 내면서 학원에 다니지요.

어려운 책을 읽으면서 텍스트의 표층적인 의미를 뚫고 깊이 들어가는 것도 독해력과 요약 능력을 키우는 훈련이 됩니다. 이 훈련용 텍스트로는 철학이나 문학 텍스트가 적합해요. 철학 텍스트는 정말 난해하기 때문에 추상적인 사고의 흐름을 따라가는 훈련이 됩니다. 사고력 훈련에 철학 텍스트만큼 좋은 자료는 없어요. 문학은 인간을 이해하는 훈련이에요. 인간이 어떤 존재인지를 알아가는 훈련이지요. 인간을 이해하는 데 문학만큼 좋은 게 없어요.

잠시 다른 이야기를 하자면, 저는 인간의 마음속을 그려내는 가장 좋은 방식은 문학이라고 생각합니다. 철학, 심리학, 과학적 접근도 있고 영화로도 사람의 마음을 그려낼 수는 있지만 가장 좋은 방법은 여전히 문학이 아닐까 싶어요. 문학에 비해 영화는 너무 생략되는 부분이 많아요. 문학은 한 장면, 한순간의 감정을 묘사하기 위해 몇 페이지 혹은 심지어 책 한 권을 할애하곤 하잖아요.

또 이런 이야기가 뜬구름 잡는 것처럼 느껴질 수도 있겠지만, 인간을 알아야 사업도 하는 것 아니겠습니까? 문학은 인간을 이해하는 최고의 교재예요. 그리고 무엇보다 문학은 재미가 있습니다. 살면서 재미를 누리는 방법을 깨닫기도 참 어려운 일인데요. 저는 문학, 예술이 삶의 재미를 실컷 누리게 해주는 인간 최고의 발명품이라고 생각합니다.

다시 독해력 이야기로 돌아와서, 문학이든 철학이든 어려운 글을 읽는 건 혼자 하기 어렵습니다. 그러니 독해력을 기르기 위한 훈련의 수단으로 '함께 읽기'를 권합니다. 한 줄씩 짚어가며 읽어가는 연습은 굉장히 소중한 경험입니다. 문학이나 철학 수업 때는 이렇게 한 줄씩 강독하는 걸 많이

해요. 해보지 않은 사람은 그 맛을 몰라요.

처음에는 어렵지만 문장들을 한 줄씩 읽어가면서 '아, 이게 이런 뜻이구나'라는 걸 깨닫고 꾸준히 훈련하면 나중에는 혼자서도 읽어갈 힘이 생깁니다. 그러니 만약 이러한 강독 형태의 강의를 접할 기회가 생기면 꼭 한번 경험해보고 그런 훈련을 받아보면 좋겠어요.

요약하는 능력을 포함한 고급 독해력을 소중하게 생각하자는 이야기를 했는데요. 독해력은 콘텐츠를 소비하는 능력을 넘어 콘텐츠 생산 능력과 직결된다는 이야기도 하고 싶습니다.

책이냐 동영상이냐

책을 읽는 것과 동영상을 시청하는 것 사이의 차이가 도대체 뭘까요? 시대가 바뀌었으니 독서 대신 동영상 시청만 해도 정보를 습득하기에 충분하지 않느냐는 생각을 가진 사람이 많습니다. 나아가 책보다 동영상이 더 풍요롭지 않느냐는 의견도 있고요. 이 점에 대해 점검해보겠습니다.

이를 위해 먼저 예술 분야 중에 미술과 음악의 차이를 한번 생각해보고 가는 게 좋겠습니다. 여기서 미술은 회화나 조소 같은 것에 한정해볼게요. 미술과 음악의 가장 중요한 차이가 뭘까요? 이 둘을 비교하려면 우선 각각의 특징을 알아보아야 합니다.

일단은 감각의 차이가 있어요. 미술은 보고, 음악은 듣는 것입니다. 표현하는 방식과 매체도 분명히 다르지요. 미술은 선과 색과 모습 같은 것으로 표현하고 음악은 소리로 표현해요. 작품을 경험할 때 미술은 고정되어 있고, 음악은 휘발성이라는 견해도 있습니다. 하지만 음악을 녹음해서 다시 들으면 어느 정도 고정된 거라고 할 수도 있겠죠.

또한 감상할 때 음악은 연주하는 시간만큼 듣는 사람도 시간을 써야 합니다. 그래야 들을 수 있어요. 그래서 음악은 시간 예술입니다. 영화나 드라마도 비슷하지요. 시간에 대해 굉장히 제약적입니다.

미술은 다릅니다. 1초 만에 볼 수도 있고, 훨씬 더 오래 볼 수도 있어요. 중요한 건 내가 감상 시간을 주도하거나 좌우할 수 있다는 점이에요. 조절하는 게 가능합니다. 이런 점에서 미술은 시간의 제약에서 상대적으로 자유롭다고 얘기할 수 있는 지점이 분명히 있습니다. 회화나 조각 같은 미술품은 나에게 시간을 강요하지 않아요. 그러니까 내가 즐길 만큼 눈으로 여기저기 오가면서, 또 이런저런 떠오르는 생각을 함께하면서 자유롭게 5분 동안 볼 수도 있고 한 시간 동안 볼 수도 있어요.

그래서 미술은 상당히 능동적인 경험이 가능해요. 반면 음악 감상은 능동적일 수가 없고 굉장히 수동적입니다. 연주 시간 동안 기다려야 해요. 이게 중요한 차이입니다.

이걸 책과 동영상의 차이를 구분할 때도 적용할 수 있다고 봐요. 영상물은 시간을 아주 많이 잡아먹어요. 절대적인 시간을 말하는 게 아닙니다. 짧으면 짧은 대로 길면 긴 대로 영상물은 시간을 점령해요. 5분짜리 영상이 있으면 5분 동안 꼼짝하지 않고 지켜봐야 하는 강제성이 영상물에 존재해요.

물론 시간 예술은 다 그런 측면이 있지요. 그래서 '빨리 감기'가 유행하는 측면도 있고요. 한 편, 한 쪽 분량의 글로 하면 될 것을 몇십 분 분량으로 찍는 경우도 많습니다. 이건 영화를 요약하는 것과는 다른 문제입니다.

우리가 책을 읽을 때는 시간을 다 써가면서 읽기도 하지만 때로는 목차나 색인의 도움을 받아 필요한 부분만 취사선택하면서 읽을 수도 있습니다. 한 줄 한 줄 다 읽어야 할 것 같지만 가끔은 필요한 대목만 읽어도 원하는 걸 얻을 수 있거든요. 그림이나 조각 같은 미술 작품을 감상할 때와 비슷하게 상당히 능동적인 태도로 임할 수 있어요.

그에 반해 동영상은, 빨리 감기나 건너뛰기로 보기도 하지만 실질적으로 시간 속에서 다 겪어야 하는 측면이 굉장히 강합니다. 빨리 감기를 하거나 건너뛰었을 때

그사이에 뭐가 있는지 알 수 없지요. 물론 책도 그런 면이
있지만 동영상은 보기 전까지는 모르기 때문에 콘텐츠를
만든 사람의 의도에 끌려가고 좌우되는 측면이 더 강하다고
생각합니다.

그런 점에서 동영상을 시청할 때와 책을 읽을 때
태도가 굉장히 다른 것 같아요. 책이 동영상보다 좋은 건
내가 능동적으로 종합해가면서 내게 맞게 도구로 활용할
수 있다는 점, 즉 콘텐츠를 나의 필요를 채워주는 도구나
수단으로 삼을 수 있다는 점이라고 봅니다.

이것이 읽기의 본질이라고 볼 수 있습니다. 재미있는 걸
읽을 때는 시간 가는 줄 모르고 거기에 흠뻑 빠집니다. 일단
빠져든 다음에는 수동적이지만, 내가 빠지기를 선택할 수
있다는 점에서는 자발적입니다. 다시 말해, 읽기를 할 때는
책이나 글을 도구로 삼아서 나에게 맞게 활용할 수 있습니다.
동영상을 볼 때보다 책을 읽을 때 우리는 더 능동적이
됩니다.

독해력은 콘텐츠 생산 능력에 직결된다

요즘 아이들은 '크리에이터'를 꿈꾸는 경우가 많다고
합니다. 동영상을 만들어 성공하겠다는 거지요. 그런데
의문이 듭니다. 동영상만 보고 동영상을 만들 수 있을까요?
동영상으로 학습해서 크리에이터가 될 수 있을까요?
동영상을 보고 동영상을 만들 만큼의 교육이 이루어질 수
있을까요? 아이들이 유튜브만 보면서 자란다면, 나중에 그
정도 분량의 유튜브 동영상 콘텐츠를 만들 수 있을까요?

　　교육은 아이들이 뭔가를 할 수 있는 능력을 키워준다는
목표를 가집니다. 그래서 단순한 '지식' 교육이 아니라
'역량' 교육이 필요하다는 목소리가 높습니다. 그런데
과연 동영상이 좋은 교육 수단이 될 수 있을까요? 이게
질문입니다.

　　분명히 전에는 책을 읽으면서 공부했고 능력을 키웠고
뭔가를 해냈습니다. 기성세대가 그렇게 해왔어요. 그런데
지금 자라나는 세대는 책 읽는 시간이 점점 줄어들고 있지요.
이들이 과연 기성세대가 해냈던 일을 할 수 있을까요?
이는 본질적인 질문이라고 생각합니다. 옛날 사람이 하는
이야기로 치부하지 않는다면, 근거를 좀 찾아보겠습니다.

　　만약 누군가 유튜버가 되고 싶다고 합시다. 유튜버가
되기 위해 유튜브 콘텐츠만 많이 보면 될까요? 그렇지

않습니다. 유튜브는 콘텐츠 소비 플랫폼이에요. 생산하려면 다른 무언가가 꼭 필요해요. 최근에는 퀄리티가 떨어지는, AI가 만든 콘텐츠가 너무 많이 나옵니다.

좀 다르게 물어보겠습니다. 동영상 콘텐츠를 만들기 위해서 가장 필요한 능력이 뭘까요? 사전에 갖춰야 할 능력은 어떤 것들일까요? 이 문제를 짚어볼 필요가 있습니다. 지금까지 〈기생충〉이나 〈오징어 게임〉 같은 영화와 드라마를 만든 사람들이 갖춘 능력이 무엇인지를 돌아보면 앞으로 유튜브 동영상 콘텐츠를 만들 때 필요한 능력이 무엇인지 얼추 짐작해볼 수 있을 겁니다.

콘텐츠의 핵심은 '콘티'입니다. 콘티는 아주 디테일한 설계도지요. 텍스트로 내용의 얼개를 계획하고 지시하는 것이 시나리오나 대본이라면 콘티는 아주 세부적으로 장면 하나하나를 지시합니다.

영화나 드라마 같은 동영상을 만들 때도, 웹툰을 만들 때도 콘티가 꼭 필요합니다. 동영상을 만들려면 스토리나 내러티브, 내레이션 같은 언어적인 면도 필요하고, 회화적인 구도 잡기, 인물의 동선, 음악의 삽입도 필요하고, 편집도 필요합니다. 그 전체를 다 짜놓는 게 콘티지요. 감독은 무엇보다 콘티를 짤 줄 알아야 합니다.

유명한 감독들이 짜놓은 콘티를 보면 놀라울 정도입니다. 웹툰보다 훨씬 정밀하게 하나하나

지시해놓았습니다. 어떤 장면을 어떻게 찍고, 그다음에
어떻게 찍고…, 이걸 마치 만화책처럼 꾸며놓고 그대로
영상으로 옮겨냅니다. 바로 이런 걸 해낼 수 있어야 합니다.

봉준호 감독은 콘티 작성의 달인으로 알려져 있습니다.
인터넷에서 '봉준호 콘티'라고 검색해보면 깜짝 놀랄
겁니다. 콘티만 봐도 실제 영화를 보는 느낌이거든요. 모든
장면이 구체적으로 완성되어 있어요. 〈기생충〉을 그냥
만든 게 아니고, 각 장면에 각도와 대사와 인물 배치까지
하나하나 설계도를 만든 다음에 촬영에 들어간 거지요.
기본 아이디어를 줄거리뿐 아니라 미술, 음악, 조명, 움직임,
카메라워크 등 모든 면에서 구체화했어요. 그러니까 봉준호
감독의 머릿속에는 이미 〈기생충〉이라는 영화 한 편이 다
짜여 있는 거예요. 이처럼 콘티는 고도의 사고를 요구하는
작업입니다. 과연 이 능력이 동영상을 보는 활동을 통해서
길러질 수 있을까요? 이게 질문의 핵심입니다.

모두가 동영상 콘텐츠를 만들 능력을 길러야 한다는
말이 아닙니다. 적어도 동영상을 만드는 데는 엄청난 훈련이
필요하다는 이야기입니다. 유튜브를 예로 들었지만 다른
예술 작품이나 글도 마찬가지입니다. 콘티 만들기를 할 수
있어야 하나의 콘텐츠를 완성할 수 있어요. 세밀하게 콘티를
짜나가는 작업이 필요합니다. 짐작할 수 있듯이 콘티를
짜는 건 무척 어렵습니다. 과연 무엇을 공부하고 연습해야

할까요? 어떤 훈련을 거쳐야 할까요?

　이 작업을 위한 첫걸음은 바로 독서, 즉 읽기입니다. 실전 연습도 필요하겠지만 출발점은 읽기예요. 결국 읽기 작업이 반드시 병행되지 않으면 콘텐츠 생산을 못 해요. 특히 남들이 생각해내지 못했던 아이디어를 떠올릴 수 있을 만큼의 기본 지식도 갖춰야 합니다. 그래야 재미와 호소력이 생기지요.

　책을 읽으면서 길러지는 내용 압축 능력, 콘티 구성 능력이 핵심입니다. 콘텐츠의 품질은 제한된 시간 내에 전체 내용을 얼마나 압축해서 편집하고, 그럼으로써 강조점을 어떻게 찍느냐에 따라 달라집니다. 20분짜리 콘텐츠를 만들 때와 40분짜리 콘텐츠를 만들 때 필요한 콘티는 달라지기 마련이지요.

　저는 강연을 많이 해요. 강연마다 주어지는 시간이 제각각입니다. 20분짜리 강연도 있고 3시간짜리 강연도 있어요. 그때마다 저는 강연 내용과 PPT 슬라이드를 어떻게 편집해야 할지 고민합니다. 가끔 20분짜리 강연에서 서론만 이야기하다가 본론은 시작도 못 하는 사람을 보게 돼요. 회사에 다니면서 그런 식이라면 그 회사에 오래 다니기 쉽지 않을 겁니다.

　정해진 시간 내에 어떻게 내용을 적절하게 전달할 수 있을까요? 여기에는 마인드 컨트롤도 필요하지만, 다른 준비도 필요합니다. 어떤 이야기를 할 때 얼마의 시간을 소요할지 등이 다 미리 짜여 있어야 합니다. 이런 일들을 하는 출발점에 읽기가 있다는 것을 기억하세요.

생각의 힘을 기르는 훈련, 글쓰기

지금까지의 내용을 정리해보겠습니다. 먼저 책과 동영상의 차이, 그러니까 책을 읽는 것과 동영상을 시청하는 것 사이의 차이를 보았습니다. 질문을 좀 바꿔서 동영상 시청만으로 동영상을 만들 수준까지 도달할 수 있을지 물었습니다. 동영상 시청만으로는 콘티를 짜는 능력을 키우기 어렵다는 결론이 나왔습니다. 굉장히 다양한 능력이 요구되기 때문입니다.

　콘티를 짜는 작업은 당연히 어렵습니다. 그래서 콘티 짜는 것보다 훨씬 초보적이고 단순한 작업이면서도 콘티 짜기의 기초가 되는 작업을 생각해볼 수 있습니다. 바로 글쓰기입니다. 글쓰기는 더 단순하지만 콘티 짜기와 성격이 비슷한 작업입니다. 그러니까 글쓰기 훈련은 콘티 짜는 작업을 위한 전 단계이자 기초 체력을 키우는 과정으로 이해할 수 있습니다. 글쓰기 훈련 없이 콘티를 바로 짤 수 있을까요? 상상이 잘 안 갑니다.

　　작가처럼 유려한 글을 쓰는 단계까지 거쳐야 콘티를
잘 짤 수 있다고 단언할 수는 없어요. 매체의 성격이 다르기
때문입니다. 글쓰기 훈련을 한다는 게 소설가처럼 쓰자는
이야기는 아닙니다. 어느 정도 스토리 라인을 잡고 흐름을
짜고, 구조를 만드는 기본 능력을 갖춰야 한다는 거지요.
보통 사람보다는 말 되는 얘기를 짜낼 수 있고, 써갈 수
있고, 사람들이 흥미로워할 아이디어를 담을 수 있어야만,
그러니까 어느 정도의 글쓰기가 되어야만 콘티도 짤 수
있고 영상 콘텐츠도 만들 수 있다는 건 분명합니다. 결국은
글쓰기라는 게 굉장히 중요한 훈련 방법임을 알 수 있습니다.

　　사실 챗GPT가 등장하면서 '글쓰기를 인간이 굳이 해야
할까?' 하는 질문이 많이 제기되고 있어요. 굳이 우리가 직접
글을 쓸 필요가 있을까요? 누구나 콘티를 짜야 하는 것도
아닌데 말이죠.

　　그러나 글쓰기는 인간에게 굉장히 핵심적인 활동이라는
점을 강조하고 싶습니다. 사실 글쓰기는 글이라는 결과물을
만들기 위한 활동이 주가 아닙니다. 결과물은 부수적입니다.
글쓰기는 오히려 우리의 생각을 훈련하는, 운동해서 체력을
기르듯 생각의 힘을 기르는 과정이라고 이해해야 합니다. 즉
글쓰기는 우리의 보편적 역량을 길러주는 훈련입니다.

　　보통 글쓰기는 결과로 평가됩니다. 잘 쓴 글, 즉 표현이

쉽고 분명하며, 전하려는 내용에 근거가 있고 구성이 논리적이며 설득력을 지닌 글이 분명 존재합니다. 이런 글을 보면 부럽지요. 누구나 글을 잘 쓰고 싶어 해요. 글을 잘 쓰면 말하기 혹은 발표도 잘한다고 추정할 수 있어요. 대체로 쓰기와 발표는 나란히 가요. 그러니 기계가 글을 잘 써준다면 얼마든지 활용하고 싶어지는 건 인지상정이에요.

하지만 글을 결과물로만 보는 것은 위험해요. 특히 교육의 차원에서, 다시 말해 나의 역량의 발전이라는 관점에서 보면 글쓰기는 완전히 다시 고려되어야 합니다. 교육의 일환으로서 글쓰기는 결과물의 문제가 아니에요. 결과물을 잘 내는 것은 물론 중요해요. 하지만 결과물은 전체 글쓰기 과정의 마무리라는 의미에서 중요할 뿐이에요. 과정으로서의 글쓰기에 주목하면 다른 많은 것이 전면에 등장합니다.

글쓰기에서 가장 중요한 것은 생각의 근력 혹은 생각하는 힘입니다. 글쓰기는 무엇보다 일종의 훈련 과정이에요. 이 훈련을 잘 받으면 좋은 글이라는 결과를 낼 수 있죠. 글쓰기의 과정이 좋으면 결과는 대체로 괜찮게 나오게 마련이에요. 여기서 주목해야 하는 것은 '훈련 과정'이라는 점이에요. 근력을 키우기 위해 운동을 하는 것과 유사하게, 생각의 근력을 키우고 생각하는 힘을 기르기 위해 글쓰기라는 훈련 과정을 거쳐야 합니다. 훈련 과정에 주목하면 무엇이 달라질까요?

먼저 생각의 근력을 길러준다는 표현을 살펴보겠습니다. 몸의 근력을 키우기 위해서는 운동을 해야 합니다. 운동을 해서 근력을 키우는 원리는 잘 알려져 있어요. 근섬유에 미세한 상처를 입힌 후 그 상처가 아물면서 근섬유가 더 굵어지는 과정을 통해 근육이 강화됩니다. 그러려면 충분한 단백질을 섭취해야 하지요. 근육이 성장하려면 상처가 나고 근섬유가 찢어져야 합니다. 이처럼 운동을 해야 몸의 근력을 키울 수 있어요. 성장하기 위해서는 분명히 고통과 상처와 아픔이 있어야만 한다는 걸 우리는 잘 알고 있습니다.

잘 알려진 에피소드가 있어요. 구한말에 외국인들이 테니스를 치는 모습을 본 지나가던 양반이 "아니, 저 힘든 걸 왜 땀을 뻘뻘 흘려가면서 자기가 하지? 하인한테 시키면 되는데"라고 했다고 해요. 운동이라는 것을 전혀 이해하지 못한 사람이나 할 수 있는 말이지요.

관련해서 얼마간 보편화할 수 있는 저의 사례를 들고 싶어요. 《AI 빅뱅》을 쓰고 나서 계속 허리가 안 좋았는데, 점점 침대에서 일어나기 힘들 정도로 안 좋아졌어요. 그래서 필라테스를 시작했습니다. 평생 처음 규칙적으로 한 운동이에요. 벌써 2년이 지났는데, 아직도 주 2회 정도 꾸준히 운동하고 있어요.

만약 학원에 가서 50분 동안 선생님이 하는

동작(실습)을 아주 진지하게 열심히 지켜보고 집에 돌아온다면 저에게 무슨 일이 벌어질까요? 아무 의미 없겠지요? 내 몸의 변화는 조금도 없어요. 아니, 50분 동안 아무것도 안 했기 때문에 오히려 더 쇠약해질 거예요. 운동이란 그런 성격을 갖고 있습니다. 힘들더라도 직접 해야 해요. 그래야 성장합니다.

인생에는 힘들지만 직접 해야 하는 일이 많지요. 밥 먹는 것도 잠자는 것도 꿈꾸는 것도 죽는 것도 혼자 해야 하는데, 운동도 마찬가지입니다. 아이스크림은 직접 먹고 싶지만 운동은, 글쓰기는 직접 하지 않으려는 이유가 무엇일까요? 전자는 즐겁고 후자는 고통스럽기 때문이지요. 하지만 어떤 것이든 직접 하지 않으면 아무 일도 일어나지 않아요.

마찬가지로 생각의 근력 혹은 생각하는 힘은 쓰기와 읽기를 통해 길러집니다. 쓰기와 읽기도 손수 해야 하는 운동이에요. 특히 글쓰기는 생각 훈련에 가장 좋은 수단이며, 심지어 비용도 별로 안 드는 수단이지요. 오랜 기간 검증도 많이 되었고요.

많은 사람이 글쓰기를 싫어해요. 어렵고 골치 아프니까요. 글쓰기를 할 때면 생각의 근육이 찢어지는 과정을 겪습니다. 머리도 쪼개지는 것 같고, 몸도 상하고, 심지어 스트레스를 받아서 주변에 화도 내요. 저처럼 손목과 허리가 상하는 일도 태반이죠. 그래도 이 어려운 걸 직접 해야 해요. 이렇게 찢어지는 과정에서 성숙하는 훈련이 글쓰기거든요. 훈련이 잘 될수록 결과물도 더 좋아집니다.

글쓰기와 인간의 보편 역량

글쓰기는 생각의 훈련 과정이라고 했습니다. 혹시 글쓰기에 너무 큰 의미를 부여하는 건 아닐까요? 이런 의문이 든다면 환영입니다.

읽고 쓴다는 건 단순한 일이 아니에요. 다른 목적을 달성하기 위해 거쳐 가는 입문 과정도 아니고요. 사실 글쓰기는 인간 역량과 깊이 관련된 본질적인 과정입니다. 생각하는 힘을 키우는 훈련이기 때문에 모든 교육의 중심에 있지요. 사실 글 써주는 기계가 등장하기 전에도 글쓰기에 대한 강조가 많이 약화되었던 게 사실이에요. 최근 추세가 그랬지요. 교육에서 본질을 놓쳤기 때문이라고 봅니다.

그렇다면 글쓰기란 어떤 점에서 본질적인 걸까요? 이 점은 우리가 글쓰기를 할 때 어떤 절차를 밟는지를 보면 쉽게 이해할 수 있습니다. 글 쓰는 과정을 쪼개보면 네 단계쯤으로 구분해볼 수 있어요.

첫 번째는 어떤 아이디어, 생각이 떠오르는 단계지요.

좋은 글감 또는 주제를 떠올려야 합니다. 그게 출발점이에요. 첫 아이디어 없이는 아예 시작도 못 합니다. 물론 누군가 어떤 주제로 글을 쓰라고 시키는 경우도 있겠지만, 대부분은 글감을 떠올리는 것이 글쓰기의 첫 단계입니다.

그런데 보통 처음 떠오른 아이디어는 상당히 재밌지만 좀 막연합니다. 흥미롭지만 모호하고 뜬금없는 경우도 많고요. 그래서 아이디어를 구체화해야 합니다. 아이디어 수준의 글감을 뒷받침할 필요가 있는 거지요. 따라서 두 번째 단계에서 필요한 것은 아이디어를 뒷받침하는 자료와 재료를 조사하고, 검색하고, 수집하는 과정입니다.

세 번째 단계는 그렇게 수집한 자료들을 검토한 후에 수많은 자료 중에서 자신에게 필요한 것을 추려내고 요약하고 종합·정리하는 것입니다. 버릴 건 버리고, 요약하고, 중요한 것과 중요하지 않은 것을 가려내기도 해야 하지요. 종합 작업은 굉장히 중요해요. 이건 엄청나게 모은 자료를 쓸만한 크기로 줄이는 것, 압축하는 것이기 때문이에요.

요약은 자기 식으로 압축하는 작업입니다. 여러 참고 자료를 하나로 압축해서 내 식으로 요리해야 해요. 그래서 압축은 엄청난 역량이지요. 요약 과정에서 능력이 길러져요. AI가 요약을 대신해주더라도 그 결과물을 스스로 검증하지 않고 쓰기엔 너무 찜찜해요. AI에게 아무리 여러 번 맡겨도 자신의 능력이 향상되는 일은 없습니다. 두 번째 단계에서 조사를 통해 얻은 자료를 구슬이라고 한다면, 그 구슬을 자신의 방식으로 꿰는 작업이 이 세 번째 단계입니다. 여기까지가 글쓰기 전 구상 단계입니다.

끝으로 네 번째는 남들이 알아보기 좋게 잘 표현하는 단계입니다. 아이디어를 떠올리고, 자료를 조사하고 수집하고, 자기 식으로 정리한 다음 그걸 다른 사람이 이해하기 좋게 표현하는 거지요. 이 표현 과정을 AI에게 맡기는 경우도 있는데요. AI가 쓴 맹숭맹숭한 글에는 뻔한 '문체' 혹은 '스타일'밖에 없어요. 나의 고유한 스타일을 발휘하기 위해서는 연습하고 또 연습해야 해요. AI에 의존하다 보면 자칫 자기만의 글맛을 잃어버릴 위험이 큽니다.

이 네 단계를 지나면서 한 편의 글이 나옵니다. 글쓰기라고 하면 보통 네 번째 단계만 생각해요. 하지만 글쓰기는 이 네 단계를 전부 거치는 과정입니다. 단계 하나하나마다 생각의 마일리지 혹은 점수가 쌓이는 거예요. 포인트를 적립하듯, 여러 번 훈련할수록 생각의 체력이 길러집니다. 그래서 글쓰기는 안 하면 안 할수록 손해고, 많이 하면 할수록 좋다는 특징이 있습니다.

아이디어에서 출발해서 표현까지 이르는 네 단계를 생각해보면 글쓰기 능력은 글 쓰는 데만 필요한 능력이 아니라는 것을 알 수 있습니다. 모든 업무에서 이 네 단계가 필요하죠. 이것은 생각해서 실행해야 하는 일 모두에 걸쳐 있는 보편 역량, 범용 역량이자 진정한 실력입니다.

우리가 사회적으로 수행하는 대부분의 작업은 비슷한 역량을 요구해요. 결과물도 중요하지만 결과물이 나올 때까지 거치는 과정이 더 본질적입니다. 아이디어를 떠올리고, 뒷받침에 필요한 근거 자료를 수집하고, 구체적인 사례와 연결해보고, 모든 걸 종합해 본인이 직접 글을 쓰는 과정에서 종합적인 사고력이 길러지는 거지요. 결국 우리는 글쓰기를 하면서 뇌를 훈련하고 모든 업무에 기본이 되는 원리를 익히는 겁니다.

글 쓰는 과정을 요리하는 과정과 비교해볼 수도 있어요. 요리 과정을 잘 들여다보면 글쓰기와 너무 똑같거든요. 먼저 먹고 싶은 맛있는 음식이 출발점이에요. 그다음 그걸 위한 식재료를 모으고, 재료들을 적당한 양과 비율로 배합하고, 온도, 물, 기름 등을 맞춰가며 조리해야겠지요. 앞서 '생각을 종합한다'고 표현했는데, 요리에서는 물과 온도와 양을 적절하게 조절하고 조리하는 겁니다. 마지막은 결과물인 요리를 먹음직스럽게 담아내는 상차림 과정입니다. 글 쓰는 과정과 요리하는 과정이 굉장히 비슷하지요?

많은 사람이 회사에 다녀본 경험이 있거나 직장 생활을 하고 있을 텐데요. 회사에서 업무를 수행하는 과정도 글쓰기의 과정과 닮아 있습니다. 회사에서 부장님이 시키는 걸 잘하려면 글쓰기를 잘해야 해요. 첫 단계인 아이디어는 부장님에게서 오더라도, 그것을 끝까지 구현해내지 못하면 그 회사 더 이상 못 다닐 거예요. 그래서 글쓰기를 잘하는 게 일을 잘하는 겁니다. 그렇다면 이렇게 결론 내릴 수 있습니다. 글 쓰는 훈련을 제대로 한 사람은 어디 갖다 놔도 전문 영역에서 업무를 잘 수행할 거라고요.

그래서 보편 역량을 기르는 데 글쓰기 훈련만큼 좋은 것이 없습니다. 이 훈련을 열 번 하느냐, 백 번 하느냐에 따라 사람이 달라집니다. 게다가 글쓰기는 시도하기 쉬우면서 비용이 저렴합니다. 종이와 연필만 있으면 돼요.

글쓰기를 보편 능력으로 보기 시작하면 글쓰기야말로 교육의 중심에 있다는 게 납득이 됩니다. AI 같은 도구는 이 역량을 키우는 데는 별로 보탬이 되지 않는다고 평가할 수 있죠. AI에게 글쓰기를 천 번 시키는 것과 어렵지만 손수 천 번 쓰는 것의 차이, 또는 교육과정 전반에 걸쳐 글쓰기를 백 번 해보는 것과 만 번 해보는 것의 차이에 주목해서 교육의 초점을 바꿔야 할 것입니다. 글 써주는 유용한 도구들이 많이 등장한 상황에서는 더더욱 AI를 멀리하고 직접 써봐야 합니다. 그래야 생각의 근력 혹은 생각하는 힘을 키울 수 있습니다.

확장된 글쓰기 훈련

물론 사고력을 기르는 방법이 글쓰기 하나만은 아닙니다.
수학 문제를 푸는 과정 역시 사고력을 단련하는 훌륭한
훈련이죠. 수학에서도 중요한 것은 정답 그 자체보다
정답에 이르기까지의 사고 경로입니다. 글쓰기 역시
마찬가지입니다. 결과물로서의 '잘 쓴 글'은 부산물이고
핵심은 그 글을 만들어가는 사고 과정입니다.

만약 목표가 단순히 그럴듯한 결과물을 얻는 데 있다면,
AI의 도움을 받을 수는 있습니다. 현재에 안주하고 싶다면
AI에게 시키는 것으로도 충분해요. 하지만 계속 성장하길
바란다면 직접 쓰려는 시도를 최대한 많이 해봐야 합니다.
글쓰기는 생각의 근력을 기르는 훈련이니까요. 생각의
근육은 직접 고민하고, 정리하고, 써보는 과정에서만
길러집니다. 그래서 글쓰기는 여전히, 그리고 앞으로도 더
중요한 훈련입니다.

'글쓰기'라고 했지만 반드시 종이에 글자를 적는
행위로만 제한될 필요는 없습니다. 글로 정리할 수도 있지만
영상 콘텐츠로 만들 수도 있으며, 발표나 토론의 형태로
풀어낼 수도 있습니다. 아이디어를 떠올리고, 자료를 찾고,
선별하고, 자신의 언어로 재구성해 타인에게 전달한다는
핵심 구조를 거친다면 그것은 모두 확장된 글쓰기입니다.

확장된 글쓰기는 앞서 언급한 확장된 언어, 확장된 인문학에 대응하는 용어입니다.

이렇게 보면 글쓰기는 특정 기술이 아니라 사고의 기본 설계도 만들기에 가깝습니다. 듣고, 말하고, 읽고, 쓰는 능력은 따로 떨어진 것이 아니라 하나의 언어력으로 연결되어 있습니다.

앞으로의 삶에서는 한 가지 직업만으로 평생을 살아가기 어렵습니다. 평균 수명이 늘어나면서 우리는 여러 번 역할을 바꾸고, 새로운 일을 배우며 살아가야 합니다. 이때 가장 큰 차이를 만드는 것은 새로운 기술을 얼마나 빨리 익히느냐가 아니라 낯선 정보를 어떻게 이해하고, 해석하고, 자기 것으로 만들 수 있느냐입니다.

이는 결국 사고력과 학습력의 문제입니다. 학습력은 새로운 것을 배울 수 있는 능력으로, 격변하는 시대에는 더욱 중요할 것입니다. 이럴 때일수록 '평생 학습'의 태도가 중요합니다. 한 달에 한 번이라도 모임을 만들어 책을 읽고, 생각을 나누는 시간을 꾸준히 가져보기를 권하고 싶습니다.

또 당장의 요령을 알려주는 자기계발서도 필요하지만, 사고의 깊이를 키워주는 고전에도 도전해보세요. 고전은 누룽지와 같아서 시간을 들여 음미할수록 생각의 혀가 섬세해지고 취향이 길러집니다. 반면 자기계발서는 밀키트에 가깝습니다. 빠르고 편리하지만 오래 남는 맛은 아닙니다.

그래서 두 가지를 균형 있게 활용하는 것이 좋습니다.

이번 강에서는 생각의 힘을 기르는 가장 기본적인 훈련으로서 읽기와 쓰기를 살펴보았습니다. 읽기와 쓰기는 특별한 사람만을 위한 능력이 아니라, 변화하는 시대를 살아가기 위한 기본 체력입니다. 다음 강에서는 이 사고의 훈련과 맞닿아 있는 주제인 AI에 대해 다루어보겠습니다.

1강 | 강의노트

▶ **언어력**: 듣기·말하기·읽기·쓰기 능력

▶ **언어력을 갖추어야 하는 이유**
　　① 언어를 배우면 세계가 넓어짐
　　② AI 시대에 꼭 필요한 사고력의 기반이 됨

▶ **AI 시대에 필요한 역량**: 인간 본연의 언어력, 사고력 기르기
　　→ 가장 좋은 방법: 읽기와 쓰기

▶ **글쓰기는?**
　　① 종합적인 사고력을 키우는 훈련
　　② 뇌를 훈련하고 모든 업무의 기본 원리를 익히는 과정
　　③ 직접 고민하고, 정리하고, 써보며 생각의 근육을 단련
　　④ 변화하는 시대를 살아가기 위한 기본 체력
　　⑤ 결과물보다는 과정이 더 중요한 활동!

생각해볼 질문들

Q 수학과 자연과학, 디지털, 예술 분야를 넘나드는 '확장된 언어력'을
기르기 위해 개인적으로 실천해볼 수 있는 활동에는 어떤 것이 있을까요?

Q '고급 독해력'을 기르기 위해 도전해볼 책 제목을 떠올려보세요.
그리고 그 책을 혼자, 혹은 함께 읽을 수 있는 구체적인 계획을 짜보세요.

2강

AI를
제대로
이해하자

질문을 잘한다는 것

챗GPT가 등장한 것이 2022년 11월 30일이었으니, 어느덧
3년 넘게 지났습니다. 그동안 챗GPT를 둘러싼 많은 이야기
중 특히 반복해서 등장한 말이 있습니다. "챗GPT를 잘
쓰려면 질문을 잘해야 한다", "프롬프트를 잘 작성해야
한다"라는 말입니다. 그런 기법을 '프롬프트 엔지니어링',
최근에는 '컨텍스트 엔지니어링'이라고도 하지요.

　　하지만 떠들썩했던 데 비해 실속은 별로 없었던 것
같아요. 기술적으로 질문을 어떻게 입력하면 좀 더 좋은 답을
얻어낼 수 있다는 정도의 이야기는 있었지만, 정작 더 중요한

문제는 다뤄지지 않았습니다. '질문을 잘한다'는 게 대체 뭘 의미하는 걸까요? 이 본질에 관해서는 거의 묻지 않았어요.

사실 저는 챗GPT가 나오기 전부터 이 문제를 예견했습니다. 우연한 기회에 그 흐름을 조금 먼저 경험했거든요. 챗GPT가 등장하기 약 1년 반 전에 프롬프트를 입력해 그림을 생성하는 AI가 이미 출시되었어요. 달리나 미드저니, 스테이블디퓨전 같은 이미지 생성 AI들이요.

그 당시에도 정확히 같은 문제가 제기되었습니다. 어떻게 프롬프트를 넣어야 원하는 그림을 잘 뽑아낼 수 있는가 하는 이슈였습니다. 지금과 마찬가지로, 결과를 좌우하는 것은 '어떻게 묻느냐'라는 형식의 문제처럼 보였습니다.

다음 그림을 보세요. 제가 그 당시에 이 그림을 보고 상당히 놀랐습니다. 아주 잘 그리지는 않았지만 그래도 제법 운치 있는 그림이었거든요. 더 놀라운 건 프롬프트에 단 10개의 단어밖에 사용하지 않았다는 점입니다.

프롬프트:

"Caspar David Friedrich a cat above the Sea of Fog"

(카스파르 다비드 프리드리히 안개 바다 위에 있는 고양이)

그런데 한번 생각해보세요. 그림 안에 들어 있는 다양한
요소를 말로 지시하려면 상당히 많은 어휘가 동원돼야 할
것 같지 않나요? 대충 짐작해도 40~50개 정도의 단어는
동원되어야 할 것 같은데 10개 단어로 이런 그림을
그려냈다는 게 놀랍습니다.

　그래서 그때부터 '비결이 뭘까'를 생각했어요. 그리고
바로 답을 찾았습니다. 챗GPT가 등장한 후에는 '이 비결을
응용하면 되겠구나' 하는 생각을 하게 되었고요.

　미술에 대해 어느 정도 익숙한 분이라면 더
쉽게 떠올렸을지도 모르겠습니다. 핵심은 '원작'이
존재한다는 점입니다. 원작의 작가는 카스파르 다비드

카스파르 다비드 프리드리히,
《안개 바다 위의 방랑자》,
1818년경, 함부르크 미술관

프리드리히입니다. 그리고 작품의 제목은 영어로 'Wanderer above the Sea of Fog'입니다. 흔히 '안개 바다 위의 방랑자'로 번역되지요.

프롬프트의 앞부분에 들어간 화가의 이름은 곧바로 화풍 전체를 호출하는 키워드가 됐습니다. 그리고 원작 제목에서 단 하나의 변형만 가해졌습니다. 원작에서 절벽 위에 서 있는 인간 대신, 그 자리에 고양이를 놓은 것입니다. 아마 이 퀄리티의 그림이 바로 나오지는 않았을 거예요. 여러 번 생성하면서 수정했겠지요.

이 사례에서 뭘 알 수 있을까요? 미술의 역사, 화가들,

대표 작품들에 대한 지식이 머릿속에 축적되어 있어야만
원하는 이미지를 떠올리고 지시했을 때 그것이 자연스럽게
생성될 수 있습니다. 결국 해당 분야, 해당 영역과 관련된
전문성과 전문 지식이 중요합니다.

지식이 우리 머릿속에 어느 정도 암기되어 있어야
합니다. 사실 암기 없이 새로운 창의적 결과가 나온다는 것은
불가능합니다. 우리 안에 다양한 지식이 원재료로 축적되어
있으면 그것들이 우연히 연결되면서 불꽃처럼 튀는 순간이
생깁니다. 그때 비로소 창의적인 결과가 나타납니다.

챗GPT에 프롬프트를 입력하거나 질문을 던질
때도 비슷합니다. 질문을 정교하게 던질수록 답변 역시
정교해지는 경향이 있습니다. 반대로 막연하게 물으면
답변 역시 막연해질 수밖에 없습니다. 따라서 정교하게
묻기 위해서는 먼저 그 분야에 대한 전문성과 전문 지식이
필요합니다.

더 나아가 챗GPT가 잘못된 내용을 답하는 경우도
적지 않습니다. 그럴 때 그 오류를 가려내고 판단할 수 있는
안목이 필요합니다. 그 안목의 기반도 전문성입니다. 이런
점에서 보면 AI가 많은 것을 생성해주는 시대일수록 오히려
이용자의 지식과 전문성은 더 중요합니다.

AI가 우리를 대신해서 뭔가를 '해준다', '만들어준다'고
하지만 사실은 우리가 더 열심히 공부하고 연구해야만 더

나은 품질의 결과물을 얻어낼 수 있는 거예요. 생성하는 AI가 처음 등장했을 때의 기대와 달리 상당히 역설적이지요.

그렇다면 우리가 앞으로 익혀야 할 역량은 무엇인지, 어떤 실력을 갖추어야 하는지가 중요한 질문으로 떠오릅니다. 제가 가장 강조하는 능력은 역시 언어력입니다. 여기에 더해 소통력과 협업력을 이야기할 수 있습니다.

이 세 가지 역량은 서로 연결되어 있어요. 언어력이 부족한 상태에서 소통이 잘 이루어지기란 어렵습니다. 마찬가지로 소통이 되지 않는데 협업이 가능하다고 말하기도 힘듭니다. 결국 언어력에서 출발해 소통력으로 확장되고, 그 위에 협업력이 덧붙는 구조입니다. 순차적으로 점점 심화되는 능력이지요.

따라서 학생 시절에 이 언어력과 소통력, 협업력을 최대한 훈련해야만 우리가 AI와 차별화되면서 버틸 수 있는 힘이 생깁니다. 그 역량을 초·중·고 시기와 대학생 시절에 어떻게 배우고 훈련할 것인지가 중요합니다.

다양한 AI: 판별형 vs. 생성형

사람들은 그 시점에 유행하는 AI를 곧 AI의 전부라고 여기는 경향이 있습니다. 하지만 AI는 생각보다 훨씬 다양합니다. 이 점을 알고 있어야 AI를 제대로 활용할 수 있고, 막연한 두려움도 줄일 수 있습니다.

지금 대중적으로 유행하는 AI는 대부분 챗GPT와 유사한 유형의 모델들입니다. 이 AI들은 공통적으로 무언가를 '생성'하는 데 강점을 가지고 있습니다. 텍스트는 물론이고 코드, 그림, 동영상까지도 상당히 잘 만들어낸다고 합니다.

물론 동영상의 경우 아직은 미흡한 부분이 남아 있지만, 일반인이 만들어내는 결과물과 비교하면 훨씬 뛰어나다는 점은 분명합니다. 우리가 AI에 대해 큰 충격을 받았던 이유도 바로 이 지점에 있습니다. AI가 보통 사람보다 뭔가를 더 잘 만들어내니까요.

전통적인 AI 유형도 여전히 존재합니다. 이 유형은 우리의 생각보다 매우 강력합니다. 이른바 판별 유형의 AI입니다. 양질의 데이터를 학습용으로 충분히 제공하면, 상당히 정확한 결과를 만들어냅니다.

AI의 분류: 판별 vs. 생성

유형	판별(discriminative)	생성(generative)
사례	· 패턴 인식(문자, 음성, 형태, 이미지 등) · 분류 · 필터링(예: 스팸) · 예측 · 추천 · 최적화 · 번역(DeepL, 파파고, 구글 번역 등)	· 달리, 미드저니 · 챗GPT 부류(텍스트, 이미지, 음악, 동영상, 코드 등) · 멀티모달 · 에이전트(agentic) AI
한계	· 데이터 의존 · 설명 불가능성(블랙박스) · 과적합	· 환각(hallucication) · RAG, RLHF, Human in/over the Loop 등의 제한성

이 판별 유형 AI의 핵심은 패턴 인식입니다. 패턴에는 문자,
음성, 이미지, 형태 등 다양한 종류가 포함됩니다. 이러한
패턴을 읽어내고 구별하는 데 매우 뛰어나다는 점에서
저는 이 유형을 '판별형' 혹은 '판별 유형'이라고 부릅니다.
이 명칭은 공식적으로 합의된 용어는 아니지만, 기능적인
특성을 설명하는 데는 무리가 없다고 생각합니다. 판별이란
본질적으로 이것과 저것을 구별하는 일이니까요. 예를
들어 개와 고양이를 구분하거나, 정상 메일과 스팸 메일을
가려내는 식입니다.

　이러한 판별 능력을 바탕으로 다양한 기능이
가능해집니다. 분류, 필터링, 예측이 그 대표적인 예인데,

과거의 패턴을 바탕으로 앞으로 어떤 사건이 일어날 가능성을 추정하는 거예요. 예를 들어 특정 소비자가 어떤 물건들을 구매해왔는지를 토대로 다음에 무엇을 추천하면 좋을지를 판단할 수 있기 때문에, 자연스럽게 추천 시스템으로도 이어집니다.

최적화나 번역 역시 판별 유형 AI와 깊은 관련이 있습니다. 번역은 언어 간 패턴의 유사성을 찾아 매칭하는 방식으로 이루어집니다. 생성형 AI가 아니더라도 별도의 구조를 지닌 번역 시스템이 충분히 가능하고, 데이터만 충분히 좋다면 매우 안정적이고 실용적인 결과를 만들어냅니다.

이러한 AI들이 인류의 미래를 위협할 것이라는 생각이 들지는 않습니다. 오히려 매우 유용한 도구에 가깝죠. 최근 AI의 미래에 대한 걱정과 두려움이 많이 보이는데요. 그 배경에는 생성형 AI가 무언가를 '만들어낸다'는 점이 크게 작용하고 있다고 봅니다. 인간이 해오던 창작의 영역과 겹쳐 보이기 때문에 AI가 인간의 역할을 대체하는 것처럼 상상하게 되고요. 그 과정에서 막연한 공포가 생기는 것입니다.

그러나 저는 생성형 AI 역시 본질적으로는 인간이 시키는 일을 잘 수행하는 도구라고 봐야 한다고 생각합니다. 어떤 유형이든 AI가 인간의 의도와 다르게 행동한다면,

그것은 '자율성'이 아니라 '버그'입니다. AI는 스스로 목적을 설정해 행동하는 존재가 아니므로, 인간이 부여한 목적을 얼마나 정확하게 수행하느냐가 핵심입니다.

자율주행차를 예로 들어보면 이해가 쉽습니다. 우리가 왼쪽 길로 가야 하는 상황에서 자율주행차가 스스로 판단하여 오른쪽으로 가거나, 멈춰야 할 순간에 멈추지 않는다면 그것은 자율성이 아니라 명백한 오류지요. 자율주행차가 해야 할 일은 단 하나입니다. 인간이 설정한 목적지까지 최대한 안전하고 빠르게 데려다주는 것입니다. 그 목적을 벗어난 행동은 모두 수정되어야 할 버그입니다.

하나 더 강조하고 싶은 것이 있습니다. 바로 에이전트형agentic AI입니다. 에이전트란 우리말로 '행위자'를 뜻합니다. 즉, AI가 행위하도록 만들어졌다는 뜻입니다. 여기서 말하는 '행위'는 주로 컴퓨터 프로그램을 '실행'한다는 뜻입니다. 인간이 개입하지 않고서 AI가 자동으로 어떤 프로그램을 실행하도록 한 것이지요.

이와 관련해서 인간처럼 스스로 행위하는 AI, 즉 인공일반지능AGI이 출현하는 것 아니냐는 전망부터 AGI가 이미 시작되었다는 진단까지 다양한 이야기가 나옵니다. 명칭을 어떻게 부르든 간에 저는 그것이 인간처럼 스스로 행위하는 건 아니라고 봅니다. 방금 말했듯 인간이 시키는 대로 작동하지 않으면 그것은 '버그'이기 때문입니다.

에이전트형 AI가 임의로 파일이나 프로그램을 영구
삭제해서 복구가 불가능하게 되었다, 혹은 아이디와
비밀번호를 유출했다 같은 소식이 들립니다. 하지만 이것
역시 AI가 자율적으로 동작을 수행한 것이 아니라 인간이
보안을 제대로 지키지 않아서 생긴 문제입니다. 관리자
권한을 AI에게 넘겼으니 인간의 부주의를 탓해야 하겠지요.

AI의 환각

물론 다른 각도에서 우려할 만한 점이 전혀 없다고 말할 수는
없습니다. 다만 그것은 설계나 운영상의 문제에 가까워요.
너무 막연한 목표를 주거나, 실행 과정에서 발생 가능한
문제점을 미리 점검하지 않거나, 보안 문제를 소홀히 한다면
반드시 문제를 일으킬 테니까요. 현재까지 등장한 AI를 놓고
보면, 기본적으로 AI는 여전히 '도구'의 범주에 속한다고 할
수 있습니다.
　　그런데 생성 유형 AI에서 반드시 짚고 넘어가야
할 문제가 하나 있습니다. 바로 환각, 즉 가짜 정보를
만들어내는 현상입니다. 이 문제는 생성형 AI에게 매우
치명적이에요. 단순한 오류가 아니라, 구조와 설계에서

비롯된 문제이기 때문입니다.

　　생성형 AI가 등장한 지 약 3년이 지났지요. 초기에는 환각 현상이 특히 심각했습니다. 예를 들어 세종대왕이 맥북을 던졌다는 식으로 실제로 일어나지 않은 역사적 사건을 마치 사실인 것처럼 만들어내는 사례들이 빈번했어요. 당시에는 시간이 지나면 기술을 통해 자연스럽게 개선될 것이라고 기대하는 분위기였습니다. 그러나 현실적으로 이 문제는 거의 개선되지 않고 있습니다.

　　이 문제를 해결하는 방법 가운데 하나로 자주 언급되는 것이 'RAG'라는 기법입니다. 검색증강생성Retrieval-Augmented Generation의 약자로, 검색을 통해 외부 자료를 불러온 뒤 그 자료의 범위 안에서만 답변하도록 제한하는 방식입니다.

　　예를 들어 특정 문서(논문, 책, 백과사전 등)나 데이터베이스를 제공하고 그 내용 안에서만 답하라고 지시하는 거예요. 또는 신뢰할 수 있는 언론사의 기사만을 근거로 답변하도록 설정하는 방식도 여기에 해당합니다. 이론적으로는 꽤 그럴듯해 보이는데, 문제가 많습니다.

　　다음 그림은 대표적인 AI 모델 8개를 가지고 RAG 기법을 활용한 결과입니다. 옅은 색이 많을수록 오류가 크고요. 진한 색이 많을수록 정답에 가깝습니다.

8개 AI 모델로 RAG 기법을 활용한 결과

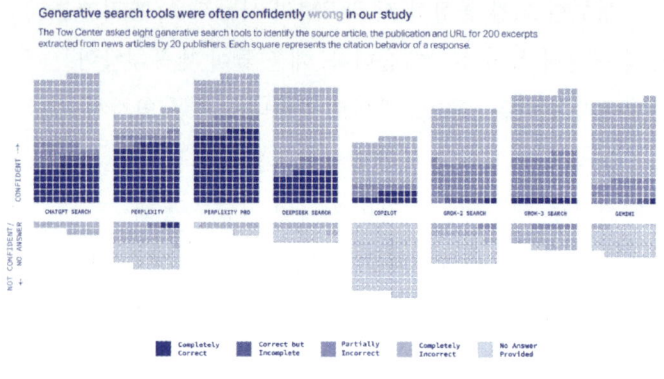

생성형 검색 도구가 틀린 정보를 제시하는 비율 조사

출처 | https://www.cjr.org/tow_center/we-compared-eight-ai-search-engines-theyre-all-bad-at-citing-news.php

'퍼플렉시티 프로'라는 이름을 들어봤을 것입니다. 검색을 먼저 수행한 뒤 그 결과를 바탕으로 답을 생성하도록 설계된 AI로, 교육과 연구용으로 인기가 많습니다. 하지만 이런 도구들조차 실제로 살펴보면 오류율이 상당히 높다는 점을 확인할 수 있습니다. 오류 비율이 절반에 육박하는 수준까지 올라가는 경우도 적지 않습니다.

연구자나 학생, 혹은 의료, 금융, 법률 등 강한 책임이 수반되고 정확성이 생명인 영역에 있는 사람이 퍼플렉시티 프로와 같은 '검색 후 답변형' AI를 사용해도 될까요? 결론부터 말하자면, 사용해서는 안 됩니다. 적어도 그 결과를 신뢰해서는 절대 안 됩니다. 이런 도구에 질문을 던지는 것

2강

자체가 위험하다고 봐야 합니다.

현장에서 흔히 나오는 말이 있습니다. 자기 전문 분야에 대해 이들 AI에게 질문해보면 답변이 거의 엉터리라는 것입니다. 반대로 자신이 잘 모르는 분야에 대해 답을 받으면 그럴듯해 보입니다. 바로 이 지점이 문제의 핵심이에요.

조금만 생각해보면 이유를 알 수 있습니다. 모든 분야의 답변에 오류가 섞여 있는데, 그 오류가 너무 노골적이지 않게, 그럴듯한 문장 속에 섞여 나오기 때문에 속게 되는 것입니다. 정확한 정보와 틀린 정보가 적당히 섞여 있으니 사용자는 오판하게 되지요.

시간이 지나면 이 문제가 개선될 수 있는 걸까요? 2025년 10월에 유럽방송연맹EBU과 BBC가 2025년 5~6월 사이 수집한 내용을 분석한 결과를 발표했습니다. 조사 결과 챗봇 AI가 내놓은 응답 중 평균 48%가 문제가 있는 것으로 나타났어. 앞선 조사인 2024년 12월의 평균 72% 오류율보다는 나아졌지만, 여전히 절대로 믿어서는 안 된다는 의미입니다.

앞서 지적했듯 설계상의 결함 탓이지요. 책임을 져야 하는 영역에는 절대로 사용하지 말아야 하고, 내용을 검수할 역량이 없으면 AI의 답변을 이용하지 말아야 한다는 뜻이기도 합니다. 하지만 다른 연구들을 보면 아동·청소년과 대학생이 무방비 상태로 챗봇 AI를 사용하고 있어서 걱정입니다.

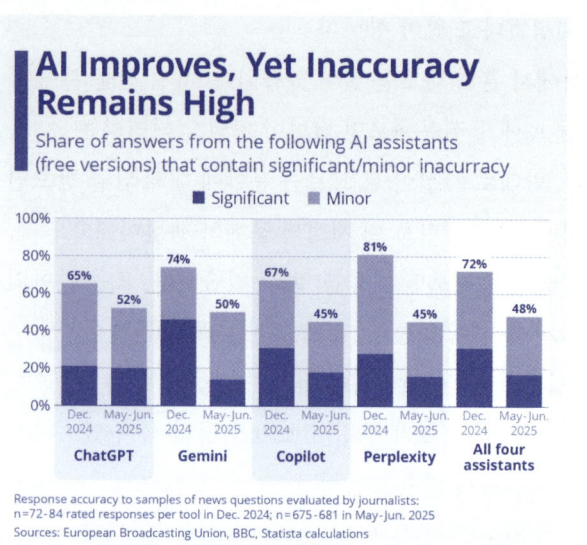

출처 | statista

AI Improves, Yet Inaccuracy Remains High

Share of answers from the following AI assistants (free versions) that contain significant/minor inaccuracy

■ Significant ■ Minor

ChatGPT: Dec. 2024 65%, May-Jun. 2025 52%
Gemini: Dec. 2024 74%, May-Jun. 2025 50%
Copilot: Dec. 2024 67%, May-Jun. 2025 45%
Perplexity: Dec. 2024 81%, May-Jun. 2025 45%
All four assistants: Dec. 2024 72%, May-Jun. 2025 48%

Response accuracy to samples of news questions evaluated by journalists:
n=72-84 rated responses per tool in Dec. 2024; n=675-681 in May-Jun. 2025
Sources: European Broadcasting Union, BBC, Statista calculations

statista ◿

인공지능의 성능은 발전했지만 여전히 높은 오류율을 보인다.

2025년 9월 10일에 또 하나의 연구 결과가 발표됐습니다.[3] 사회과학 논문에서는 특정 논문이 어떤 주제와 관련되어 있는지를 표시하는 작업을 합니다. 이를 '주석 달기'라고 부릅니다. 예를 들어 어떤 논문이 이데올로기와 관련되어 있다, 혹은 감정, 문화, 소비와 관련되어 있다는 식의 태그를 붙이는 작업이에요.

이 연구에서는 이러한 주석 작업을 사람 대신 챗GPT를

---

[3]   J. Baumann et al. (2025), "Large Language Model Hacking: Quantifying the Hidden Risks of Using LLMs for Text Annotation", arXiv：2509.08825v2

비롯한 언어 모델에게 맡겼습니다. 다양한 AI 모델을 동원해 동일한 작업을 시켰고, 마지막 단계에서는 사람이 직접 그 결과를 검토했지요. 그랬더니 놀라운 결과가 나왔습니다. 논문 주제를 잘못 분류하거나 엉뚱한 주석을 다는 비율이 약 31%에서 많게는 50%에 이르렀다는 것입니다.

다시 말해 AI에게 이 논문이 무엇을 다루고 있는지, 어떤 주제에 속하는지를 분석하게 하면 최소 3분의 1, 많게는 절반 가까이 잘못된 판단을 내린다는 겁니다. 이건 상당히 실증적인 연구 결과입니다. AI의 분석을 신뢰하기 어렵다는 점을 데이터로 확인한 셈이거든요.

그러니까 현재로서는 AI가 내놓은 분석을 사람이 직접 검증하지 않으면 안 됩니다. 이것은 단순한 기술적 미완성 문제가 아니라 생성형 AI의 구조와 설계에서 비롯된 결함에 가깝기 때문에 앞으로도 쉽게 해결되기는 어려울 것이라고 봅니다. 그만큼 AI를 전적으로 신뢰하기에는 위험 요소가 많다는 점을 분명히 인식할 필요가 있습니다.

AI 교육의 세 가지 요소

그렇다면 AI의 환각이나 잘못된 사용으로 인한 문제를 피하려면 어떻게 해야 할까요? 이 지점에서 AI 교육에 대해 살펴볼 필요가 있습니다. 2021년 서울특별시교육청에서는 AI 교육을 세 가지로 분류했습니다. 상당히 잘된 분류라고 봅니다.

AI 교육의 요소

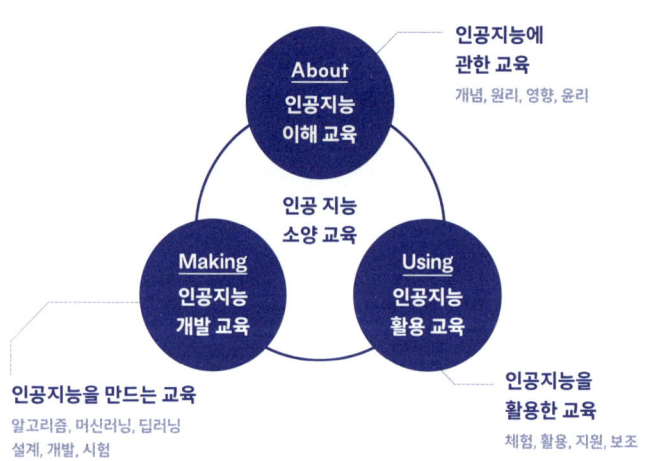

출처 | 서울특별시교육청

첫 번째는 이해 교육입니다. AI가 무엇인지, 어떤 방식으로 작동하는지, 어떻게 사용해야 하는지, 기본적인 원리는 무엇인지, 사회적·윤리적 문제는 어떤 것들이 있는지 등을 배우는 단계입니다. 특정 전문가나 일부 직군이 아니라, 전 국민, 더 나아가 인류 전체가 AI에 대한 기본적인 이해를 갖추어야 합니다.

두 번째는 활용 교육입니다. 이 부분은 제가 특히 강조하고 싶은 영역입니다. AI는 잘 쓰면 됩니다. 이를 위해서는 먼저 자신의 업무와 역할을 정확히 아는 것이 중요해요. 각자 하고 있는 일이 다르니 그 일에 필요한 AI도 다르지요. 의사, 변호사, 회계사, 연구자, 교육자에게 필요한 AI는 서로 같을 수 없습니다. 하나의 AI로 모든 문제를 해결할 수 있다고 생각하는 것은 오해입니다.

따라서 AI를 잘 활용하려면, 먼저 자신에게 필요한 AI의 개인 맞춤형 목록을 만드는 것이 중요합니다. 어떤 도구가 내 업무에 도움이 되는지 리스트를 정리해야 해요. 이 목록은 업종마다 달라질 수밖에 없습니다. 같은 업종에 있는 동료나 친구들과 정보를 나누다 보면 최근에 어떤 AI가 중요해졌는지, 내 업무와 어떻게 연결되는지를 파악할 수 있지요.

가장 큰 오해는 세 번째인 개발 교육에 있습니다. 개발 교육은 모든 사람이 개발자가 되어야 한다는 전제를 깔고 있어요. 학생들에게 코딩을 가르치고, AI를 직접 만들게 하자는 식의 접근이 대표적입니다.

교육 당국에서는 부인하겠지만 대한민국 학부모의

교육열을 우습게 보면 안 됩니다. 'AI 10만 인재'를 키운다고 발표하면 자녀를 어릴 때부터 정체 모를 'AI 학원'에 보내는 것이 대한민국 학부모입니다. 하지만 이런 개발 교육은 강조하는 것에 비해 실제로 쓸모는 크지 않습니다.

자동차를 예로 들어볼게요. 운전하는 사람이 자동차를 직접 만들어야 할 필요는 없어요. 우리는 자동차를 구입해서 안전하게 운전하면 됩니다. 자동차를 만드는 일은 자동차 기업의 핵심 엔지니어들이 담당합니다.

AI도 마찬가지예요. AI를 직접 만드는 사람은 인구의 극히 일부에 불과합니다. 아주 소수의 전문가가 만든 것을 다수의 사용자가 각자의 목적에 맞게 활용하면 됩니다. 우리가 한글이나 엑셀 같은 프로그램을 구입해서 활용하듯, AI도 그런 도구로 받아들이는 것이 가장 현실적이고 바람직한 접근입니다.

그런 점에서 한 가지 더 지적하고 싶은 것이 AI 조기 교육입니다. 솔직히 말해 어릴 때부터 AI를 가르친다는 것이 정확히 무엇을 의미하는지 잘 모르겠어요. 써봐야 한다는 말은 많이 하지만 아이들은 자기가 필요하면 가르치지 않아도 먼저 사용해요. 그래서 '가르친다'는 표현 자체가 크게 의미가 없다고 봅니다.

더구나 AI는 시간이 지날수록 성능이 좋아지고, 사용법은 점점 더 쉬워집니다. 그렇다면 아이들이 언제

AI를 배우는 것이 가장 좋을까요? 저는 무언가를 정말로 해보려고 할 때, 그 일을 시작하기 직전에 배우는 것이 가장 적절하다고 생각합니다.

아이들이 얼리어답터가 되는 것은 크게 의미가 없습니다. AI는 실제로 사용해야 할 필요가 생기기 직전에 배우는 것이 가장 효과적입니다. 물론 AI를 한 번도 사용해본 적이 없다면 문제가 될 수 있겠지만 그 정도가 아니라면 굳이 미리 배워둘 필요는 없습니다. 당장 필요하지 않다면 나중에 정말 필요해졌을 때 익혀도 됩니다.

약 20~30년 전에는 '정보검색사'라는 자격증이 있었어요. 인터넷 검색을 잘하는 능력을 시험으로 평가하고 자격증을 주던 시절이지요. 지금 생각해보면 우습지 않나요? AI 조기 교육 논의도 이와 크게 다르지 않다고 봅니다.

물론 전문가가 되기 위해 코딩을 배우고, AI를 직접 개발하는 일도 필요합니다. 하지만 모든 사람이 그럴 필요는 없습니다. 각자 자신이 좋아하고 잘할 수 있는 영역에 집중하는 것이 훨씬 중요합니다. 사회는 다원화되어 있고, 직업은 분화되어 있으니까요. 오히려 우리의 인지 능력이나 사고력이 약화되지 않을지에 대해 고민해야 하지요.

물론 전문가가 되기 위해 코딩을 배우고,
AI를 직접 개발하는 일은 필요합니다.
하지만 모든 사람이 그럴 필요는 없습니다.
각자 자신이 좋아하고 잘할 수 있는 영역에
집중하는 것이 훨씬 중요합니다.

AI가 가져올 교육의 변화

AI의 발전이 앞으로 대한민국의 교육 체계와 직업 구조, 더
나아가 인간의 학습과 성장 방식에 어떤 변화를 가져올까요?
먼저 현재 대학을 포함한 고등 교육의 목표가 무엇인지
생각해볼 필요가 있습니다. 유치원부터 고등학교까지의
초중등 교육에도 동일하게 적용되는 문제지만, 여기서는
고등 교육에 집중해볼게요.

　　현재의 대학 교육은 학점으로 모든 것을 평가하는
구조에 지나치게 국한되어 있는 것처럼 보입니다. 학점이
좋아야 취업에서 유리하고, 국가장학금과 같은 제도를 통해
경제적 혜택을 받을 수 있지요. 그 결과 학생들은 디지털
기기나 AI의 도움을 받는 방향으로 몰리게 됩니다. 학점을 잘
따야 하니까요.

　　그러나 여기서 질문해야 할 것은 '대학에서 학점을 잘
받는 것이 최종 목적이냐'는 점입니다. 그보다는 자신의
역량을 충분히 훈련해 사회에 나가 실제 업무를 맡았을 때 그
일을 잘 수행할 수 있도록 준비하는 것이 목적이어야 하지
않을까요? 이 둘을 구분해야 할 시점에 와 있습니다.

　　과거에는 이 두 가지가 어느 정도 일치했습니다. 공부를
잘하고 학점이 좋은 학생들이 사회에 나가서도 쓸모 있는
인재로 여겨졌던 시기였습니다. 그러나 그것은 산업화

시대의 인재관에 가까웠고, 지금의 상황에서는 거의 통하지
않는 기준이 되었습니다.

저는 그보다 더 기본적인 능력으로 언어력, 소통력,
협업력을 강조해왔습니다. 실제로 다른 연구와 정부 기관
조사, 그리고 현장에서 많은 사람을 만나며 들은 이야기를
종합해보면 대졸자를 채용해 당장 업무에 투입하겠다는
기업은 오히려 위기 상황에 놓인 기업이라는 말까지 나와요.
오늘날 대졸자는 기업이 원하는 실무 역량을 충분히 갖추지
못했기 때문입니다. 최소한 석·박사 수준이 되어야 바로
현장에서 활용 가능하거든요. 그렇지 않으면 회사가 추가
교육을 해야 하는 것이 현실이에요.

만약 기업이 제공하는 교육을 잘 따라가며 습득할
수 있는 인재를 대학에서 길러낼 수 있다면, 그것이 현재
상황에서 가장 바람직한 대학 교육의 역할일 것입니다.
그러려면 실무 능력보다 언어력, 소통력, 협업력이
필수적입니다. 확장된 인문학 교육을 통해 새로운 것을 배울
수 있는 학습력 역시 갖추어야 할 것입니다. 그런 점에서
대학 교육의 목표는 다시 고찰되어야 합니다.

이에 더해, 한 학급에 수백 명이 참여하는 온라인 강의를
운영하며 학생들을 평가하는 대학의 태도 역시 돌아볼
필요가 있습니다. 비용을 최소화하는 방향으로 운영하는
방식이 과연 교육의 본질에 맞는지 의문이 생길 수밖에

없거든요. 과연 지금과 같은 방식의 대학 교육이 인재를 길러내기에 적절한 걸까요? 대학 교육이 '공장식 축산'과 다를 게 뭐가 있을까요?

물론 현실적인 제약이 있어요. 한국의 대학 등록금은 미국의 10분의 1에서 많아야 5분의 1 수준에 불과합니다. 이처럼 상대적으로 적은 금액으로 교수 고용이나 교육 시설·설비 투자 등을 하고 있는 거지요. 그러니 대학이 얼마나 더 많은 역할을 해줄 수 있느냐를 두고 논란이 생기는 것도 무리는 아닙니다.

분명한 것은, 대학 제도 전반에 대한 문제들이 한꺼번에 다시 검토되어야 하는 국면에 와 있다는 점입니다. 대학을 졸업하고 사회에 나간 이후에도 우리는 계속해서 재교육을 받아야 하는 상황에 놓여 있습니다. 대학에서 배운 것만으로는 할 수 있는 일이 많지 않고, 현장에 나서면 금세 한계를 느끼게 됩니다.

뒤에서 살펴보겠지만, AI의 등장 이후 나타난 변화 중 하나는 시니어 인력에 대한 선호가 크게 높아졌다는 점입니다. 웬만한 업무는 경험 많은 시니어에게 맡기는 것이 가장 효율적이기 때문입니다. 이런 현실을 보면, 대학의 준비가 미흡하다고 평가받을 수밖에 없어요.

AI의 등장은 지금까지의 교육 방식 전반을 바꿔야 한다는 압력으로 작용하고 있습니다. 교육 체계, 직업 구조,

인간의 학습과 성장 방식 모두가 영향을 받고 있어요. 이는 더 어린 시절에 받는 교육에도 해당됩니다. 그럴수록 대학 교육의 방향은 여전히 언어력, 소통력, 협업력이라는 세 가지 역량을 기르는 데 맞춰져야 한다고 봅니다.

예를 들어 협업력은 어릴 때 팀 스포츠와 같은 활동을 통해 자연스럽게 배울 수 있습니다. 그 과정에서 타인과 협력하는 법뿐만 아니라 팀원이라는 존재의 소중함을 깨닫게 되지요. 혼자보다 함께할 때 더 잘하고 더 많은 것을 이룰 수 있다는 경험을 하게 됩니다. 현재의 교육 시스템에서는 읽기와 쓰기 그리고 협업을 통한 관계 맺기가 점점 배제되고 있는데요. 이런 능력을 배우지 못하면 결국 개인은 혼자서만 끙끙댈 수밖에 없습니다.

AI가 대신할 수 없는 교실

최근 교사의 역할을 둘러싸고 여러 논란이 이어지고 있습니다. 특히 경기도교육청에서 AI 교사를 도입해 시험 채점은 물론 왜 그런 결과가 나왔는지에 대한 설명까지 맡겼다고 하지요. 그 과정에서 실제 교사의 역할을 과도하게 축소하거나 폄하하는 듯한 사례가 등장해 큰 문제를 낳았습니다. 저 역시 몇 달 전 교사들로부터 'AI가 글쓰기를 채점한다'는 이야기를 처음 들었을 때 상당한 당혹감을 느꼈습니다. 최근에 발표된 국가 AI 정책에서도 AI가 학생의 글을 평가하도록 맡기겠다고 해서 논란이 되고 있습니다.

그런데 글쓰기 평가와 같은 영역은 본질적으로 대체가 불가능한 영역이에요. 오히려 인간 교사의 역할이 더 많이 요구되는 분야라고 생각합니다. 특히 아이들과 인간관계를 형성하고 신뢰를 쌓는 일에서는 실제 교사만이 할 수 있는 역할이 압도적으로 큽니다. 교육이라는 것은 단순히 지식을 전달하는 행위가 아니라 아이들의 발달 단계 전반을 함께 책임지는 일입니다.

이 점은 학년이 낮아질수록 더욱 분명해져요. 초등학교 현장을 직접 들여다보면 아이들의 문제는 지식 부족만이 아닙니다. 저학년의 경우 화장실에 갔다가 교실로 돌아오는 것조차 어려워해요. 고학년도 쉬는 시간이 끝나 종이 울려도 그 신호를 인지하지 못하는 경우가 적지 않습니다. 교사가 한 명 한 명 아이들을 붙잡고 앉으라고 하면서 5분 가까이 자리를 잡게 하는 일 자체가 중요한 교육 활동입니다.

이처럼 교사들은 지식 전달 외에도 수많은 역할을 수행하고 있습니다. 그 다양한 역할 가운데에서 지식이 차지하는 비중이 과연 얼마나 되는지를 다시 따져볼 필요가 있어요. 지식 전달은 분명 AI가 비교적 잘할 수 있는 영역입니다. 하지만 AI는 교사를 대체할 수 없어요. 오히려 발달 단계에 맞는 지식 전달과 반복 학습을 보조하는 도구로 AI를 설계하는 것이 교사에게 도움이 될 수 있습니다.

우리는 교육을 논할 때 흔히 고등학생 이상, 즉 이미 상당히 성숙한 인간을 기준으로 사고하는 경향이 있습니다. 그러나 아이들은 인지적, 정서적, 신체적으로 아직 미성숙한 상태에 있어요. 교육이란 바로 이 미성숙한 상태를 점진적으로 성숙한 상태로 이끌어가는 전 과정입니다. 이 과정에서 AI가 도울 수 있는 영역이 무엇인지, 그리고 반드시 인간 교사가 맡아야 하는 일은 무엇인지를 명확히 구분하는 역할 규정이 필요합니다.

인간관계, 소통, 협업과 같은 영역에서 AI는 원칙 자체를 이해하지 못합니다. 관계를 맺고 갈등을 조정하며 함께 일하는 법을 가르치는 것은 AI가 알 수도, 수행할 수도 없는 영역이에요. 그렇기 때문에 앞으로 인간 교사가 수행하는 역할의 가치는 오히려 더 커질 것이라고 저는 전망합니다. 인간이 할 수 있는 일, 그리고 인간만이 할 수 있는 일의 중요성은 교육 현장에서 더욱 분명해질 것입니다.

AI로 인해 벌어지는 능력 격차

그렇다면 AI를 무엇이라고 규정해야 할까요? 결국 AI는 그것을 사용하는 개인이나 집단의 능력을 증강, 증폭해주는 기술입니다. 이 점에 대해서는 현재 거의 모두가 동의하고 있습니다. 과거에는 입장이 조금씩 달랐던 시기도 있었지만 최근에는 AI가 기존의 능력을 키워준다는 데 의견이 모아졌거든요. 이전보다 훨씬 높은 생산성을 이끌어내고, 시간을 절약해주며, 비용을 줄여주고, 투입되는 인력 역시 줄여준다는 것입니다.

AI가 증강 도구라면, 인간의 고유한 역량이 클수록 그 효과는 배가됩니다. 그렇기 때문에 앞으로의 교육은 기술 자체보다 인간 자신에게 더 집중하는 방향으로 이루어져야 합니다. AI를 활용하는 천연 지능이 관건인 셈이지요.

여기서 중요한 것은, 증강에는 그 대상이 반드시 존재한다는 점입니다. 출발 지점이 되는 본원의 역량, 다시 말해 맨몸의 역량이 우선 중요합니다. AI는 없는 것을 대신 만들어주는 것이 아니라, 이미 있는 것을 증폭해주기 때문입니다.

그래서 저는 오래전부터 이런 말을 해왔어요. 인간의 천연 지능을 잘 쓰던 사람이 AI도 잘 쓴다는 것입니다. AI를 사용하는 사람의 밑천이 얼마나 되느냐가 관건입니다.

최근에는 이 주장을 뒷받침하는 데이터들도 하나둘씩 나오기 시작했습니다.

그 원리를 간단한 예로 설명해볼게요. 어떤 사람 A는 기본 역량이 2이고 다른 사람 B는 기본 역량이 5라고 가정해보겠습니다. 그리고 AI가 이 역량을 5배로 증강해준다고 칩시다. AI 사용 이후에는 역량이 각각 10과 25가 됩니다. 모두에게 도움이 되는 것처럼 보입니다.

하지만 여기서 문제가 하나 생깁니다. AI가 두 사람의 능력을 동일하게 증강해주더라도 결과적으로 격차는 더 벌어진다는 점입니다. 처음에는 3의 차이였던 것이 이제는 15의 차이가 됩니다. 즉 AI는 모두를 도와주지만, 역량이 높은 쪽을 훨씬 더 크게 도와주는 구조를 갖고 있습니다.

바꾸어 말하면 AI는 시니어, 즉 경력직과 고참 인력의 능력을 더 강하게 증폭해준다는 뜻입니다. 주니어 역시 도움을 받기는 합니다. 하지만 시니어가 받는 증강 효과에 비하면 상대적으로 작습니다.

이것이 바로 우리가 직면하고 있는 현실입니다. AI는 격차를 줄이기보다는 오히려 확대할 가능성이 커요.

게다가 오류를 검증해내는 일 역시 시니어에게 유리합니다. 이들은 오랜 시간 동안 해당 업과 관련한 경험을 축적해왔고, 그 경험을 바탕으로 더 많은 판단 기준과 안목을 갖고 있으니까요. 경험치가 높기 때문에 결과적으로 오류를

찾아내는 능력도 더 뛰어납니다. 증강 효과도 더 크게
덕을 보고, 문제를 발견했을 때 이를 해소하는 능력 역시
상대적으로 우수합니다.

그렇다면 기업은 누구를 선호할까요? 답은 너무나
자명합니다. 실제로 이를 뒷받침하는 조사 결과도 나와
있습니다.

다음 그래프를 보면 세로 점선이 챗GPT 출시 시점, 즉 약
3년 전입니다. 이후 2025년 1분기까지의 데이터를 살펴보면,
아래쪽 그래프인 주니어 인력의 고용은 감소하는 반면 위쪽

시니어의 일 vs. 주니어의 일

출처 | Evidence from U.S. Resume and Job Posting Data(2025.08.31)
(papers.ssrn.com/sol3/papers.cfm?abstract_id=5425559)

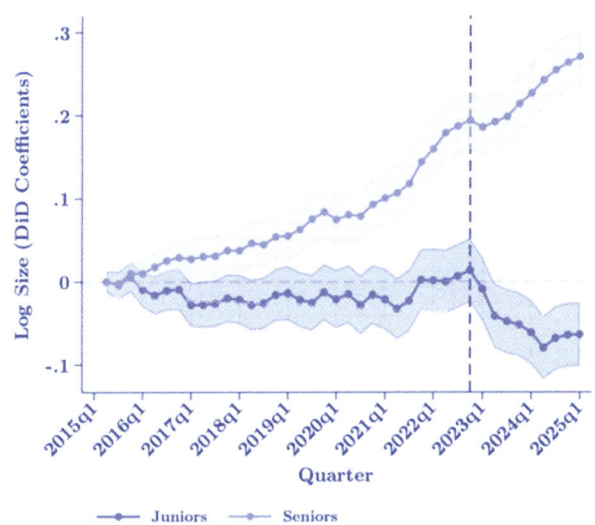

그래프가 나타내는 시니어 인력의 고용은 증가하는 것으로
나타납니다.

물론 그 이전부터도 기업이 시니어를 선호하는
경향은 존재했습니다. 그러나 최근에는 그 흐름이 훨씬
더 뚜렷해졌습니다. 이른바 K자 형태로 갈라지는 현상이
두드러집니다. 위로는 시니어 고용이 늘고, 아래로는 주니어
고용이 줄어드는 경향입니다.

이는 기업들이 주니어 인력은 뽑지 않으면서 기존
시니어 인력은 해고하지 않고 오히려 추가로 채용하고
있다는 의미입니다. 다시 말해 경력직 선호가 극단적으로
강화되고 있어요. 대기업들이 대졸자를 대상으로 대규모
공채를 하던 시절도 있었습니다. 그러나 요즘은 그런
이야기를 거의 듣기 어렵습니다. 대부분의 기업이 경력직
채용 위주로 움직이고 있거든요.

이제 신입은 어디에서 경력을 쌓아야 하는가?

이런 상황은 대학 졸업생, 즉 대졸 신입에게는 일종의 채용
절벽으로 작용하고 있습니다. 대졸 신입을 향한 문이 점점 더
좁아지고 있는 현실입니다. 이제 앞으로 대졸자들은 원하는

직장에 들어가기 위한 경험과 경력을 어디서 쌓아야 할까요?

대학에서는 도대체 어떻게 가르쳐야 학생들이 취직을 할 수 있을까요? 대학은 졸업생들이 시니어 트랙으로 진입할 수 있는 역량을 어떻게 길러줄 수 있을까요?

기업은 대학을 졸업했거나 갓 자격증을 딴 초급 인력을 쓰는 것보다 AI를 활용하는 편이 생산성 측면에서 훨씬 낫다고 판단할 수 있습니다. 만약 주니어에게 일을 맡기는 모든 시니어가 인간 후배 대신 AI만을 활용하게 된다면, 문제는 그다음 단계에서 발생합니다. 시니어가 은퇴한 이후 그 자리를 이어받아야 할 다음 세대의 시니어가 더 이상 만들어지지 않거든요.

기업 입장에서 봤을 때 지금 당장은 상관이 없어요. AI를 활용해 생산성을 높이는 상황에서 굳이 미숙한 인간을 써야 할 이유를 찾기 어렵습니다. 하지만 경력직만 선호하고 신입을 훈련하지 않으면 시간이 지나서 시니어가 다 은퇴한 뒤 '회사를 누가 관리하는가' 하는 문제가 생기게 됩니다. 기업은 내부에서 주니어를 어떻게 성장시켜야 할까요? 이는 기업 입장에서도 상당히 곤란한 문제입니다.

지금 상황은 일종의 제로섬 게임에 가깝습니다. 다른 회사의 시니어 인력을 데려오는 방식으로 인력을 채우고 있을 뿐입니다. 기업들 역시 등급화되어 있고, 소위 초대기업, 상위 1·2·3위 기업들이 인력을 서로 빼앗는 구조로 운영되고 있습니다. 이러한 흐름은 AI 등장 이전부터 이미 존재해왔어요.

AI가 본격적으로 도입된 이후 이 구조가 어떻게 변화할까요? 이건 정말 심각하고 진지하게 고민해야 할 문제입니다. 현재로서는 이 질문에 대해 명확한 답이 존재하지 않는 것이 현실이에요.

고용 감소와 시니어 선호

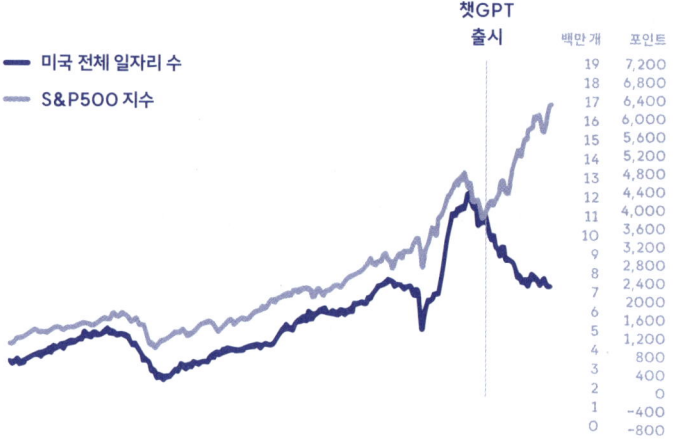

위 그래프는 챗GPT 등장 이후의 취업 시장과 S&P 지수를 조사한 결과입니다. 위쪽 곡선은 S&P 지수이고, 아래쪽으로 꺾여 내려가는 곡선은 전체 고용을 나타냅니다. 전체 고용은 줄어들고 있는데, 주가는 오히려 사상 최고치를 경신하고

있지요. 성장과 고용의 디커플링을 보여줍니다.

고용 감소는 어느 정도 불가피한 현상으로 보입니다. 그런데 고용이 줄어드는 방식은 주로 신입 채용을 줄이는 형태로 나타나고 있습니다. 기존 인력을 유지하면서 신입 사원을 뽑지 않아서 전체 고용이 감소하고 있다고 보는 것이 더 적절해요.

한국에서도 비슷한 조사가 이루어졌습니다. 이른바 '중고 신입', 다시 말해 경력직을 선호하는 경향이 뚜렷해졌는데 그 이유는 명확합니다. 당장 실무에 투입할 수 있기 때문이지요. 곧바로 현장에서 일을 맡을 수 있는 능력, 즉 시니어의 역량이 가장 중요한 기준이 되고 있어요.

662개 기업 대상 '중고 신입' 선호도 설문조사 결과 (자료 제공: 사람인)

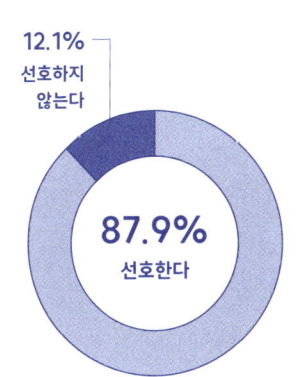

'중고 신입' 선호

12.1%
선호하지
않는다

87.9%
선호한다

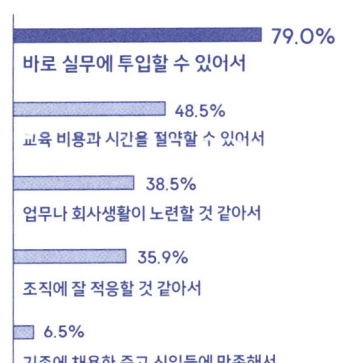

'중고 신입'을 선호하는 이유
(복수 응답)

79.0%
바로 실무에 투입할 수 있어서

48.5%
교육 비용과 시간을 절약할 수 있어서

38.5%
업무나 회사생활이 노련할 것 같아서

35.9%
조직에 잘 적응할 것 같아서

6.5%
기존에 채용한 중고 신입들에 만족해서

그러나 여기서 다시 문제가 발생합니다. 도대체 누가 시니어가 되는가? 그리고 그 과정은 어디에서 어떻게 관리되는가? 이 부분이 현재 가장 큰 공백으로 남아 있습니다. 그래서 제가 가장 많이 받는 질문도 바로 이것입니다. 초기 경력을 도대체 어디에서, 어떻게 쌓아야 하는가?

맨몸의 역량

신기술을 먼저 도입한 사람과 뒤따르는 사람 사이의 생산성 격차가 크게 벌어지는 것처럼 보이는 것이 사실이에요. 특히 새로운 것을 익히는 데 신중하고, 모험을 두려워하는 성향을 가진 사람이라면 더 불안해질 수 있어요. AI에 관심은 있지만 적극적인 얼리어답터가 되지 못한 상태에서 도태되지 않을까 하는 걱정 역시 자연스러운 감정입니다. 그렇지만 AI 시대에 어중간한 재능과 도구의 애매한 활용은 오히려 독이 된다고 생각합니다.

　애매한 출발 자체를 지나치게 문제로 볼 필요는 없는 것 같아요. AI가 대중화된 지는 아직 그리 오래되지 않았고, 초기 성능과 현재 성능은 비교할 수 없을 정도로 차이가 큽니다. 시간이 지날수록 AI 성능은 월등하게 좋아지고 사용법은 훨씬 쉬워지고 있습니다. 따라서 먼저 쓰기 시작했느냐, 늦게 쓰기 시작했느냐 자체가 결정적인 기준이 되기는 어려워요.

중요한 것은 AI가 내가 하는 업무를 실제로 얼마나 잘 도와줄 수 있느냐입니다. 생성형 AI는 여전히 오류와 헛소리가 많기 때문에, 겉으로 보기에는 생산성이 높아진 것처럼 보여도 실제로는 그렇지 않은 경우가 많아요. 최근 코딩 분야에서도 성능이 크게 개선되었다는 평가가 나오고 있지만 개발에서 코딩이 차지하는 비중은 30% 내외에 불과하다고 합니다. 기획, 설계, 디버깅, 커뮤니케이션, 문서화 작업이 차지하는 비중이 훨씬 크고요. 이는 AI가 빨리 익히면 곧바로 압도적인 효과를 내는, 엑셀 같은 도구와는 성격이 다르다는 뜻입니다.

그래서 핵심은 AI를 '얼마나 빨리 쓰느냐'가 아니라 '무엇을 얼마나 잘할 수 있느냐'에 있습니다. 지금 시점에서 AI 활용 여부만으로 성패가 갈린다고 말하기에는 아직 이릅니다. 다른 사람과의 차별화 역시 도구 자체보다는 결국 인간이 가진 기본 역량, 천여 지능에 달려 있다고 볼 수 있어요. 다시 말해 휴먼 파워, 즉 내가 스스로 할 수 있는 역량에 더 집중하는 것이 장기적으로는 훨씬 유효한 전략이에요.

'클로바노트'는 음성을 텍스트로 바꿔주는 앱인데요.

이걸 가장 유용하게 쓰는 직업 가운데 하나가 기자입니다. 과거에는 인터뷰를 한 뒤 이를 풀어 쓰는 데만 해도, 한 시간짜리 인터뷰라면 두 시간 이상이 걸렸습니다. 녹음을 반복해서 듣고 받아 적는 데 많은 시간이 소요됐지요.

지금은 상황이 완전히 달라졌습니다. 클로바노트를 사용하면 인터뷰 내용을 몇 분 안에 텍스트로 정리할 수 있고, 이후에는 문장을 다듬는 작업만 하면 됩니다. 도구가 생산성을 크게 높여준 셈입니다.

하지만 관건은 결국 기사를 잘 쓰는 능력, 기사 작성 능력입니다. 도구가 생산성을 높여주는 효과는 그 기자가 이미 기사를 잘 쓰는 역량을 갖추고 있을 때만 제대로 발현됩니다. AI가 대신 기사를 써주는 방식으로 일이 굴러가는 것은 아닙니다.

그러므로 AI를 아직 능숙하게 다루지 못하고 남들보다 조금 늦게 따라가고 있다는 느낌이 들더라도 크게 걱정할 일은 아닙니다. 중요한 것은 도구의 숙련도가 아니라 자신이 속한 업의 본질을 얼마나 잘 수행하고 있는가입니다.

지금까지 AI가 무엇인지 살펴보았습니다. 그렇다면 '인간'은 어떤 존재일까요? AI 시대를 살아가는 우리를 어떤 존재로 정의해야 할까요? 3강에서는 우리 인간이라는 존재에 관해 알아보겠습니다.

2강 | 강의노트

▶ **AI를 잘 활용하려면**
　　① 특정 영역에 대한 전문 지식과 전문성을 갖추어야 함
　　② 전문성을 바탕으로 한 정교한 질문
　　③ AI의 답변을 판단할 수 있는 전문적인 안목

▶ **AI의 종류**
　　① **판별형**
　　　　• 특징: 패턴 인식, 구별, 분류
　　　　• 활용 예시: 스팸메일 필터링, 번역, 추천 등
　　　　• 한계: 데이터 의존
　　② **생성형**
　　　　• 특징: 텍스트, 그림, 영상 등 생성
　　　　• 활용 예시: 메일 작성, 이미지 생성 등
　　　　• 한계: 환각, 오류

▶ **AI = 증강 기술**
　　→ 개인의 고유 역량에 따라 격차가 증폭됨

생각해볼 질문들

Q 만약 여러분이 자녀를 키우고 있다면 자녀에게 언제부터 생성형 AI
　 활용을 허락하고 싶은가요? 그리고 그 이유는 무엇인가요?

3강   인간은
어떤
존재인가

인간은 생각을 공유한다

인간다움, 인간의 본질, 인간의 고유함은 뭘까요?
구석기인의 삶과 현대 문명을 비교해보면 너무 차이가
큽니다. 과연 같은 인간인가, 같은 종이 맞는가 묻고
싶어지지요. 생물학적인 종, 즉 유전자 수준에서는 30만 년
동안 변한 게 거의 없는데 문명 또는 문화라는 측면에서는
너무나 달라졌습니다.

　　유전자·생물학적 불변과 문명·문화적 변화라는
이중성에 주목해보겠습니다. 문명의 관점에서 보면
'불변의 본성' 같은 것은 없고, 인간은 항상 변하고 새로

만들어집니다. 인간다움 혹은 인간 본성에 대한 답은 시대마다, 관점마다 달라졌습니다.

　구석기인과 현대인 사이에 펼쳐진 문명의 변화는 어떤 특성 때문에 생겨났을까요? 문명을 만들어낸 인간의 고유성은 무엇일까요? 현생 인류인 호모사피엔스가 생겨난 것은 대략 30만 년 전입니다. 호모사피엔스만의 특성은 무엇이었을까요? 생물학적으로 다른 동물과 구별되는 인간의 특성 말이지요.

　인간만의 특성을 알려주는 신경과학 연구 결과부터 보겠습니다. 2014년에 나온 논문의 내용입니다.[1] 과학적 연구 결과가 우리의 경험적인 직관과 닮은 경우가 많은데요. 이 경우도 그렇습니다. 친밀한 관계를 오래 유지한 커플은 상호 연결된 기억 시스템을 발전시킨다고 합니다. 조금 다른 말로 하면 뇌를 하나 더 얻게 된다는 거예요. 둘이 기억을 공유하는 겁니다. 내가 잊은 걸 파트너가 기억해요. 경험적으로 너무 이해가 가지요. 굳이 이런 걸 실증적으로 확인할 필요가 있었나 싶을 정도입니다.

　이런 기억의 공유는 두 사람 사이에서만 일어나는 걸까요? 어찌 보면 인류는 모두 기억이 연결된 게 아닐까요? 인간은 일종의 커다란 '기억 공동체'가 아닌가 하는 생각을 해보게 되었습니다. 제가 '공동 뇌'라는 아이디어를 떠올린

1　　Harris, Celia B., Amanda J. Barnier, John Sutton & Paul G. Keil (2014), "Couples as socially distributed cognitive systems: Remembering in everyday social and material contexts", *Memory Studies*, 7:3.

계기이기도 합니다.

　가령 협업이나 협동은 공동 뇌의 활동입니다. 내가 어떤 문제가 있어서 고민하는데, 옆 사람도 같이 고민해요. 그 사람은 나와는 굉장히 다른 사람이고, 내 접근법과는 굉장히 다르게 접근하는 것이지요.

　길을 탐색한다고 합시다. 나의 탐색 방식과 옆 사람의 탐색 방식, 두 가지가 병렬되겠죠? 팀원이 열 명이어서 열 가지 방식으로 탐색할 경우, 한 사람만 잘 찾으면 열 사람에게 해결책이 제시되는 겁니다. 얼마나 효과적이에요.

　우리가 함께 뭔가를 도모하는 일의 의미가 이런 것 아닐까요? 문제가 생겼을 때 문제를 풀기 위해 같이 고민하면 훨씬 효과적으로 답을 찾게 돼요. 이 논문에는 기억 착오가 언급되는데, 기억 착오를 복원하기 위해 둘이 함께 얘기하면서 과거를 떠올려서 확인하는 과정이 나옵니다. 이런 일이 인류 수준에서 진행되는 거 아닐까 하는 생각을 해봤습니다.

　마침 2023년에 나온 연구 결과가 있습니다. 이것은 이듬해에는 논문으로 발표됐는데요.[2] 이 연구는 기능성 자기공명 영상fMRI 기술을 이용했습니다. 이 기술을 사용하면 실험 참가자들이 전 세계 어디에 있더라도, 가령 한 사람은 뉴욕, 한 명은 도쿄, 한 명은 서울, 한 명은 파리에 있더라도

2　　Denworth, Lydia (2023), "Brain Waves Synchronize when People Interact", *Scientific American*. Sievers, Beau, Christopher Welker, Uri Hasson, Adam M. Kleinbaum & Thalia Wheatley (2024), "Consensus-building conversation leads to neural alignment", *Nature Communications*, 15.

상관없이 동시에 뇌파를 측정할 수 있어요. 서로 멀리 떨어져
있는 사람들이 팀을 짜서 문제를 풀게 한 뒤 협력해서 잘
푼 팀과 아닌 팀을 비교했더니, 협력해서 문제를 푼 팀
참가자들의 뇌파가 동기화되었다는 결과가 나왔습니다.
문제를 푸는 상황 말고도 교사와 학생, 연주자와 청중,
커플들에게서도 동기화된 패턴이 관찰되었지요.

　　　이러한 내용은 우리가 경험적으로 이미 알고 있는
사실입니다. 콘서트장에 있는 청중과 무대에 있는 밴드
사이에 뇌 동기화가 일어나는 건 너무나 당연하지요. 종교
집회나 정치 집회에서도 사람들의 뇌파가 일치할 거고요.
스포츠 팀을 응원할 때도 그렇지요. 그렇기 때문에 협력
관계에 있는 사람들의 생각이 비슷한 패턴으로 갈 것이라는
건 충분히 예상할 수 있습니다. 이 내용이 과학적으로 확인된
것이지요.

　　　다른 이야기지만 이런 연구 결과를 보면 분야별로
하는 일이 참 다르다는 생각이 듭니다. 철학자들이 2500년
전부터 꾸준히 해왔던 이야기를 실제 측정과 관찰을 통해
검증해내는 과학자들의 모습을 볼 수 있지요.

　　　다시 돌아가서, 이 기사에는 "함께 이야기하고 집단으로
합의에 도달함으로써 뇌를 일치시켰다"라는 구절이
나옵니다. 그러니까 2014년 논문이 두 사람 사이의 일치를
설명했다면, 이번에는 다수 사이에서 뇌의 일치를 설명했다는

뜻입니다. 이 두 개의 연구만 가지고 일반화하기는 어렵습니다만, 경험적으로도 우리가 느낄 수 있는 내용이기 때문에 이러한 결론을 공유해도 된다고 봅니다.

인간은 서로 공감하고 교감하는 과정에서 생각도, 뇌도, 뇌파도 공유하는 것 같습니다. 그래서 저는 인간은 개인으로 존재하는 동시에 '공동 존재'라고 생각하게 되었고, 이것이 '공동 뇌'라는 개념입니다.

'공동'으로 존재하는 인간

공동 뇌는 기본적으로 우리 한 사람 한 사람이 가진 개인의 뇌와는 구별됩니다. 개인의 뇌는 각자의 두개골 안에 존재하면서 그와 연결된 신경망을 포함하는 물리적 실체입니다. 반면 공동 뇌는 여러 사람의 뇌를 한곳에 모아 쌓아두는 방식으로 설명할 수 있는 대상이 아닙니다. 그런 의미에서 공동 뇌를 물리적 실체로 이해하면 곤란합니다.

그럼에도 불구하고 저는 인간이라는 존재 자체를 '공동 뇌'라고 부를 수 있다고 생각합니다. 이를 설명하기 위해 한 학자를 소개하고자 합니다.

고인류학자이자 고고학자인 앙드레 르루아구랑André

Leroi-Gourhan은 인간이 무엇인지 독특한 방식으로 접근한 초기 연구자입니다. 우리가 역사와 선사를 가르는 기준은 문자 기록이지요. 르루아구랑은 문자가 없던 시기의 인간을 탐구했습니다. 이러한 연구에는 썩지 않는 유물(가령 석기), 유적지, 그리고 인간의 뼈가 중요합니다.

그가 1964년에 쓴《손놀림과 말1: 기술과 언어》에 나오는 그림을 함께 보겠습니다('제3기 석기 제조 과정', 101쪽).

이 책에는 구석기 시대 석기를 제작하는 과정을 도식으로 보여주는 그림이 등장합니다. 돌을 깨서 석기를 만들어 내기까지 a에서 j에 이르는 여러 단계가 화살표로 표시되어 있습니다. 연구에 따르면 이 과정은 최소 여섯 단계 이상을 거쳐야 하며, 단계의 순서를 반드시 지켜야 합니다. 뒤의 결과가 나오기 위해서는 앞 단계가 먼저 존재해야 하고, 그런 식으로 첫 단계에서 시작하는 것이 필수적입니다. 이 과정에서는 순서뿐만

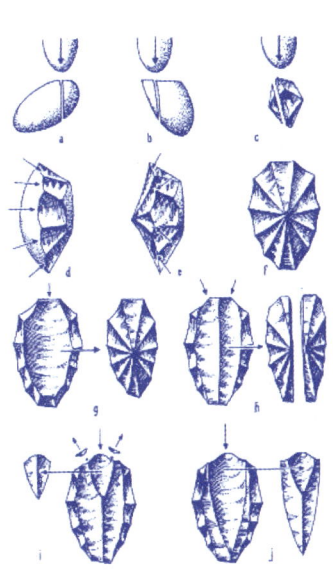

구석기 시대의 석기 제작 과정

아니라 돌을 깨는 방향과 각도, 힘의 세기도 중요한
요소입니다.

　이 기술은 생각보다 훨씬 어렵습니다. 실제로 고고학을
전공한 교수조차 이 석기를 직접 만들지는 못한다고 말할
정도입니다. 미국의 한 교수는 몇 주 간의 워크숍을 거쳐서야
겨우 이 석기를 재현할 수 있었다고 해요. 명확한 설계도가
있더라도 쉽게 습득할 수 없는 고난도의 기술이라는
뜻입니다.

　석기 제작은 인간 문명을 만들 수 있게 한 원초
기술입니다. 석기를 만들 능력이 없으면 AI도 못 만들고
생명공학도 못 합니다. 어찌 보면 석기 기술과 AI 기술은 큰
차이가 없어요. 인간과 가장 가까운 유인원들은 작업 단계를
3단계 정도밖에 기억하지 못합니다. 인간과 다른 동물의
우열 관계를 따지자는 게 아니라, 인간만의 고유한 능력이
무엇인가가 핵심입니다. 엄청난 기억력과 기억을 실제로
구현할 수 있는 손재주가 인간의 중요한 능력이었습니다.
그로 인해 석기를 만들 수 있었고, 나아가 AI까지 만들게
되었다는 것이지요.

　제가 이 기술에 관심을 갖게 된 건 다른 문제
때문이었어요. 이렇게 만들기 어려운 기술인데, 기술 보유자,
한마디로 무형 문화재가 죽어버리면 어떻게 될까요? 이
지식과 기술은 지상에서 영원히 사라질 거예요. 아무리 좋은

지식과 기술이라도 그걸 발견하고 발명한 개인만 간직할 경우 그 사람이 죽으면 기술도 사라집니다.

그래서 그걸 곧바로 집단이 공유해야 합니다. 그래야 기술이 사라지지 않을 수 있어요. 나아가 후손에게 물려주어야 합니다. 그다음 세대 또 그다음 세대가 이어질 수 있도록 말이지요. 그렇지 않으면 같은 세대 사람들이 죽을 때 기술도 함께 사라지니까요.

바로 이 지점이 인간만의 또 다른 특징입니다. 다른 생물들에게는 없는, 인간한테서만 확인되는 특성입니다. 본능으로 구현할 수 있는 것 말고 후천적으로 습득한 능력을 다음 세대까지 간직할 수 있는 능력은 인간 말고는 찾아보기 어렵습니다.

인간은 자기들이 습득한 지식과 기술을 외장 기억 형태로 저장합니다. 이렇게 쌓인 것을 '문명'이라고 부릅니다. 문명은 횡적으로는 동시대의 동료들에게 그리고 시간적으로는 미래 세대에게 지식과 기술을 전수하면서 누적해왔습니다. '내가 만든 거니까 내 거야(지식재산권)' 같은 방식은 아니었다는 거지요.

이렇게 축적되고 공유된 기술의 연쇄가 결국 오늘날의 AI나 생명공학과 같은 고도의 기술로 이어졌습니다. 그런 의미에서 석기는 단순한 유물이 아니라, 인간 공동 뇌의 가장 초기 흔적이라고 봐요. 이 점에서 보면, 기술을 독점하고

폐쇄적으로 관리하는 오늘날 빅테크 기업들의 행태는 인간의
본래적 성향을 거스르는 것 같아요.

집단으로 창의적인 종

그럼 다시 현대로 와보겠습니다. 인류학자 아구스틴
푸엔테스Agustin Fuentes의 책《크리에이티브》가
2017년에 나왔습니다. 한국에서는 2018년에 번역되어
소개되었습니다.

아구스틴 푸엔테스의
《크리에이티브》(2017)

흥미로운 점은 이 책의
원서 표지에, 앞서 이야기한
바로 그 구석기 석기가
등장한다는 사실입니다.
그만큼 이 석기는 고고학자,
고인류학자, 인류학자에게
매우 중요한 상징입니다.
왜냐하면 그것이 곧 인간의
시작을 보여주는 증거이기
때문입니다.
　푸엔테스의 통찰에

따르면 인간은 본질적으로 '공동 존재'입니다. 앞서 설명한 것처럼 어떤 기술이나 지식이 발견되거나 발명되었을 때, 인간은 그것을 혼자 독점하지 않고 공유하는 방식으로 존재해왔습니다. 그렇게 공유된 지식은 다음 세대로 전수됩니다. 그리고 그 과정에서 공동체 구성원 가운데 누군가가 또 새로운 무언가를 덧붙입니다. 그러면 그 추가된 내용 역시 공동의 자산으로 축적됩니다.

이 축적 과정이 바로 인간을 다른 동물과 구별 짓는 결정적인 특징입니다. 혼자가 아니라 '함께한다'는 구조 자체가 인간을 다른 동물과 명확히 구분 짓는 지점입니다.

이런 관점에서 보면 개인 한 사람 한 사람을 모두 천재라고 불러도 무방하다고까지 말할 수 있습니다. 개인이 창의적인 발견을 하고, 그다음에 공동체가 그것을 협력적으로 강화하고 보완하는 방식으로 인간은 존재해왔기 때문입니다.

여기서 중요한 점은 천재 개인의 역할만이 아닙니다. 시간이 지나면 그 지식과 기술은 학습과 교육을 통해 공동체 전체로 확산합니다. 누군가 우여곡절 끝에 발견한 것이, 결국은 학습과 전수를 통해 모두의 것이 됩니다. 이 과정에서 나머지 구성원들이 함께 버텨주지 않으면 지식과 기술은 축적되지 못하고 사라집니다. 인간의 역사에서 지식이 손실되지 않고 누적되어온 이유는 바로 이 집단적 유지와 공유 덕분입니다.

　푸엔테스가 말하는 핵심이 뭘까요? 인간은 개인으로
창의적인 종이 아니라 집단으로 창의적인 종이라는 것입니다.
물론 개개인이 존재하지요. 하지만 앞에서 보았듯 개인은
죽으면 끝이에요. 개인의 창의적인 능력과 결과물은 항상
집단이 흡수해서 집단의 것으로 만들지 않으면 의미가
없습니다.

　이런 식으로 인간은 개인이 먼저 창의력을 발휘하고
그다음에 공동체가 협력하여 처음의 창의력을 놓쳐버리지
않고 강화합니다. 집단과 공동체가 가진 그 힘이 중요합니다.
연령과 젠더를 불문하고 집단의 모든 구성원이 다른
구성원과 협력하는 게 호모사피엔스의 패턴입니다.

　인간은 어떤 존재일까요? 인간은 뭔가를 새롭게
상상해서 발견하거나 발명하고, 그걸 집단이 공유하고,
다음 세대로 전수합니다. 인간은 집단으로 함께 움직이는
창의적인 종입니다. 인간은 집단으로 존재하는 종이고,
외장 뇌 또는 제 표현으로 '공동 뇌'를 통해 개개인의 발견과
발명을 계속 모아가면서 교육을 통해 미래로 전달하는
존재입니다. 현대의 개인 중심주의는 인간 본성의 핵심을
놓치고 있는 셈이지요.

인간의 세 가지 측면: 학교, 도서관, 별난 개인

'인간이 무엇인가'에 관해 세 가지 측면으로 답할 수 있습니다.

첫째, 인간은 도서관입니다. 도서관은 그동안 인간이 애써서 모아놓은 지식과 기술의 총체입니다. 도서관은 꼭 책만 보관하는 곳은 아니고, 과학관, 미술관, 박물관, 문학관 등을 포함합니다. 전 인류가 축적한 문명·문화 유산이지요.

둘째, 인간은 학교입니다. 학교는 유산을 미래 세대와 동시대인에게 전수하는 기관입니다. 다른 동물은 이런 일을 못합니다. 제가 도서관과 학교에서 많이 강의하는데, 사서 선생님과 학교 선생님 들이 이 얘기를 굉장히 좋아하더라고요.

뉴턴의 말로 알려져 있지만 사실은 더 거슬러 올라가는 말이 있습니다. 자신은 '거인의 어깨 위에 있었기 때문에 더 멀리 볼 수 있었다'는 거예요. 과거 모든 인류의 작업 결과물 위에 업적을 조금 보탠 거라는 뜻이지요. 그렇다면 최초의 위대한 거인은 누구였을까요? 저는 처음으로 돌을 깨서 석기를 만든 사람이라고 답하고 싶어요. 그는 자신의 지식과 기술을 동료와 공유한 인간의 상징이니까요.

도서관과 학교에 더하여, 별난 개인들을 인간의 세 번째 측면으로 꼽고 싶습니다. 이들은 늘 도전하고 실험하고 탐색합니다. 제멋대로 날뛰면서 뭔가 새로운 걸 찾아내고 만들어내요. 교육학의 전문용어로 '말썽'이라고 합니다. 규범의 관점에서 보면 분명 일탈한 사람들입니다. 하지만 이런 사람들이야말로 인류에 공헌하는 바가 크기 때문에 보호해야 한다고, 철학자 존 스튜어트 밀도 강조한 바 있습니다.

　도서관, 학교, 개개인은 회로를 형성합니다. 이를 도식으로 만들어봤습니다.

공동 기억의 형성과 창조, 전수

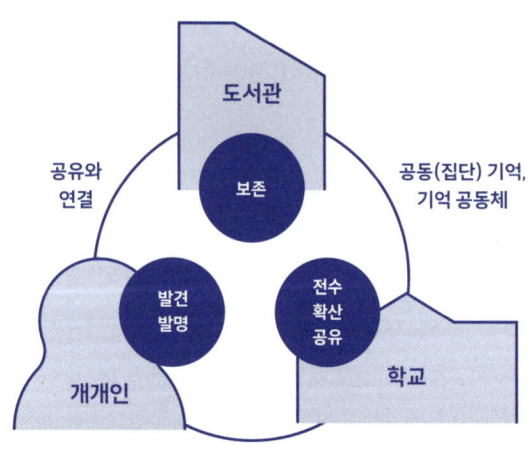

❶　일탈, 도주, 창조: 어떤 일탈적 개인이 습득한 것을 넘어서 우연히 새로운 발견 혹은 발명을 이루어낸다.

❷　공유와 연결: 개인의 성취를 집단이 공유하고 후대에 전수한다.

❸　기억 공동체: 개개인은 도서관에 축적된 기억을 학교에서
　　학습하며, 스스로 기억 공동체의 일부가 된다.

도서관과 학교와 개개인이 서로 잘 연결돼서 돌아가면
문명은 발전할 거예요. 이 회로가 끊기면 문명은 퇴보하게
됩니다. 생각해보세요. 지구상의 도서관이 다 파괴되면
어떻게 될까요? 도서관이라고 하면 실감이 나지 않을지
모르겠는데요. 도서관이라는 것은 미술관, 박물관, 과학관을
다 포함하는 개념입니다. 그러니까 과거의 인류가 습득하고
획득한 것을 모아놓은 곳이지요.

　　도서관과 하드디스크와 데이터센터, 이런 것들이 다
파괴되면 어떨까요? 아마 인류는 처음부터 모든 걸 새로
발견하고 발명해야 할 거예요. 개인들이 기억하는 지식과
기술을 새로 다 모아야 할 것이고요.

　　학교가 망가져도 큰일납니다. 도서관에 쌓여 있는
것조차 활용할 수 없게 되는, 기록된 것을 읽어내지 못하는
상황이 됩니다. 책들은 아무도 읽을 수 없는 외계어로
쓰인 셈이에요. 읽어낼 능력을 가진 미래 세대가 없어지는
겁니다. 그렇게 되면 끝장이지요. 제가 언어력을 강조한
이유도 여기에 있어요. 언어력에 인간과 문명의 사활이 걸려
있습니다.

학교는 다음 세대에게 지금까지 인류가 획득했던 지식과 기술을 전수하는 곳입니다. 바로 이런 학교의 역할이 다른 동물과 인간을 확실히 구분하는 지점입니다.

동물도 배우긴 배워요. 하지만 직접 경험을 통해서만 배웁니다. 그러니까 동물이 배울 수 있는 건 자신의 수명 내에서고, 이것이 자식들에게 광범위하게 전수된다고 보기가 어렵습니다. 한마디로 유전자가 허용하는 범위에서 후천적인 경험을 통해 배우는 게 동물의 세계라면 인간은 간접 경험을 통해서도 학습할 수 있습니다. 여기에 덧붙여 인간에게는 공동 뇌가 작동합니다.

학교라는 것은 인류가 그동안 축적해온 거의 모든 지식, 기술, 노하우, 행위 방식 들을 초단기간에 습득할 수 있게 만든 시스템입니다. 그래서 학교를 졸업하고 나면 그 지식의 기반 위에서 또 다른 새로운 활동을 시작할 준비를 갖추게 되는 것입니다. 물론 최근에는 지식의 양이 워낙 많아져서 그중 공통된 부분과 특정한 부분(전문지식)을 나누어 습득하기는 하지만요.

도서관과 학교가 잘 갖추어졌다고 해도 새로운 걸 찾아내 보태는 개개인의 별난 활동이 없다면 인간은 발전하지 못할 겁니다. 튄다고 억누르면 문제가 됩니다. 그래서 이 셋이 잘 맞물려 돌아가는 회로가 '인간'이라고 봐요.

그런 점에서 개인 중심으로 생각해온 서양 전통은

문제가 크다고 생각합니다. 흥미롭게도 서양의 거의 모든 사상적 바탕에는 개인이 중심에 있습니다. 서양의 집단주의마저도 개인을 전제한 다음에 개인이 모여 집단을 이룬다고 생각하는 경향이 있습니다. 저는 그걸 극복하기 위해 '공동 뇌'라는 개념을 만들었습니다.

1강에서 언급했지만, 제 개인적인 관찰에 따르면 지금 시점에서 가장 큰 문제는 개인의 능력이 퇴화하고 있다는 점입니다. 가령 이런 거예요. AI의 도움을 받아서 작업을 해요. 정작 AI한테 일 시키는 사람의 능력은 발전하지 않아요. 비슷한 수준의 결과물은 나오는데, 본인이 성장하지 않으니까 결국은 퇴화해요. 능력을 쓰지 않으면 퇴화하게 마련이니까요. 디스킬링, 탈숙련인 거지요.

대다수 인간은 퇴화하지만 몇몇 천재가 성능을 높여주니 AI는 성장할 거예요. 시간이 지나면 AI는 굉장히 뛰어나게 되고 인간은 평균적으로 저하되겠지요. 성인들은 물론 학생들도 그렇게 될 겁니다. 점점 훈련하지 않고 공부하지 않으니까 끔찍한 상황이 올 것 같아요. 이렇게 되면 결국 인류를 구성하는 '회로'가 끊깁니다.

과연 AI가 개인의 역량을 향상시킬까요? 아니면 이미 있는 역량을 증강할 뿐일까요? 그것도 아니면 있는 역량 자체마저 퇴화시키는 건 아닐까요? 인간의 본래 역량을 어느 정도 증강하는 일을 AI가 도와주는 건 분명한데요. AI를 쓰면서 생각을 외주 주고 만다면 결국 인간의 본래 역량마저 쪼그라드는 방향으로 가는 게 아닐까 걱정됩니다.

저는 AI에게 영어 번역을 많이 시킵니다. 먼저 한국어로 쓰고 그걸 AI를 통해 번역한 뒤에 다시 제가 검토하는 순서로요. 한국어로 정교하게 쓰기만 하면 AI가 대부분 도와주니까 최종적인 품질은 좋아져요.

하지만 이렇게 되면 저의 영작문 능력은 떨어질 거예요. 읽는 능력은 유지되겠지요. 그런데 이런 일이 오래되면 저는 영어로 글을 못 쓰게 될 것 같아요. 아이들은 어떨까요? 성장기 아이들에게 꼭 필요한 능력들이 길러질 수 있을까요? 전반적으로 훈련 양이 줄어들면서 언어 능력, 수리적 사고, 외국어 능력, 집중력, 성찰 능력, 비판적 사고 같은 역량의 성장이 과거보다 더뎌지는 일이 벌어질 것 같아서 우려가 큽니다.

니체와 인간의 고유함: 평가하기, 넘어서기, 용기

인간의 위기는 지금 처음 제기된 게 아닙니다. 지금은 AI와 생명공학 때문에 아주 근본적인 수준에서부터 인간이라는 존재를 다시 생각해봐야 하는 상황이 생겨난 거라면,

철학적으로는 150년쯤 전에 그런 일이 있었습니다.

그 일의 첨단에 니체Friedrich Nietzsche가 있었습니다. 니체가 살았던 시기는 19세기 중후반입니다. 이 시절의 문제는 모든 가치가 사라졌다는 것이었습니다. 그 배경에는 자연과학의 발전이 있었습니다. 자연과학은 그전까지 있던 신학적 믿음을 점점 축소해나갔고, 사람들은 모든 의미와 가치가 상실되었다고 여기게 되었습니다. 그런 시대적인 조류를 '니힐리즘(허무주의)'이라고 합니다.

니힐리즘은 니체의 발명품이 아니라 시대 상황이었습니다. 그전까지 인간은 삶의 모든 의미와 가치를 신에 의존했는데, 더 이상 신에 의존할 수 없게 되었거든요. 니체는 이런 상황을 광인의 입을 빌려서 "신은 죽었다"라고 선언했습니다. 니체는《기쁜 앎》(국역본:《즐거운 학문》)에서 광인이 낮에 등불을 들고 "신이 죽었다는 얘기를 들어본 적 없느냐"라고 외치는 장면을 묘사했지요.

그래서 니체는 어떻게 의미와 가치를 회복할 것인지를 탐구했습니다. 그게 시대적 과제였고, 니체 철학의 의미는 바로 그 지점에 있습니다. 그러면서 니체는 인간을 다시 규정하게 됩니다. 신학적인 규정과는 다른 형태로 규정한 것이지요.

니체가 보기에 인간의 특징은 세 가지였습니다.

첫 번째는 '평가하기'입니다. 독일어로

베르퉁Wertung이에요. 베르트Wert가 가치라는 뜻인데,
이걸 동명사로 만든 거예요. 니체의 평가란 시험 점수
매기는 것(어세스먼트assessment)이 아니고, 가치를 매기는
거(이밸류에이션evaluation)예요. 이밸류에이션의 e는 원래
ex인데, 바깥쪽으로 끌어낸다는 뜻입니다. 그래서 평가란
'가치를 뽑아내는 것' 또는 '어떤 것에 가치를 부여하는
것'입니다. 평가라는 말은 결국 '가치'가 핵심입니다.

　　그렇다면 가치를 부여하거나 가치를 끄집어낸다는
게 뭘까요? 원래 가치가 없던 것에 가치를 주는 것이
한편에 있습니다. 다른 한편으로는, 원래는 이런 가치가
있었는데 그게 아니라 다른 가치가 있다고 하는 겁니다.
이런 걸 '가치 변경' 혹은 '재평가'라고 하지요. 독일어로
움베르퉁Umwertung입니다. 움um은 '주위를 빙 돈다',
'둘러싸다'라는 뜻의 전치사입니다(영어로 어라운드around,
어바웃about).

　　움베르퉁의 움이 '뒤집는다'는 뜻도 가지고 있기
때문에, 예전에는 '가치 전도轉倒'라고 옮겼습니다. 영어로는
트랜스밸류에이션transvaluation입니다. 트랜스는 '건너간다,
가로질러 간다'는 뜻이지요. 요컨대 전과는 다른 가치를
매기는 거예요. 그래서 니체에게 평가와 가치 변경(재평가,
리밸류에이션revaluation)은 같은 뜻입니다. 니체에게 인간이란
가치를 부여하는, 또는 가치를 뽑아내는 존재였습니다.

《차라투스트라는 이렇게 말했다》의 한 구절에 이런 표현이 나옵니다.

"평가는 창조이다. (…) 평가 자체는 평가된 모든 사물에게 보물이자 보석이다. / 평가를 통해 비로소 가치가 있다. (…) 가치 변경, 그것은 창조하는 자의 변경이다. 창조자이어야 하는 자는 언제나 파괴한다."('천 개의 목표와 한 개의 목표')

앞부분을 먼저 보지요. 보석이나 보물도 원래는 돌멩이에 지나지 않습니다. 한낱 돌멩이에 인간은 이게 보석이고 보물이라고 가치를 주는 거지요. 또는 가치를 뽑아내는 겁니다. 문장의 뒷부분으로 가면 결국 같은 얘기인데, 가치 변경을 하게 되면 먼저 기존 가치를 파괴할 수밖에 없습니다. 동시에 새로운 가치를 창조하는 것이고요.

니체가 많이 언급한 사례가 도덕의 선악입니다. 그리스와 로마 사람들이 '선'이라고 여겼던 게 유대인이 등장하면서 '악'으로 바뀌었거든요. 전에는 힘이 약한 게 악이었습니다. 유대인은 이걸 뒤집어 독수리처럼 힘센 자는 우리를 괴롭히는 존재이기 때문에 '악'하고, 우리처럼 가만히 있는 자들, 힘이 약한 양 같은 자들은 '선'하다고 가치를 바꿔버립니다. 이것은 대표적인 가치 평가, 가치 변경입니다. 니체는 역사 속에서 예증한 거지요. 인간은 그런 일을 하는 존재라는 거예요.

반대 방향의 변경도 가능합니다. 니체는 기독교에서 말하는 선을 '나쁨'이라고 거꾸로 규정했어요. 이렇게 폭로함으로써 니체는 가치 변경을 시도했던 거지요. 평가의 문제는 미적인 것과 법적인 영역에도 똑같이 적용될 수 있습니다. 가치를 부여하거나 바꾸는 건 인간만이 하는 일입니다.

두 번째는 '넘어서기'입니다. 이것도 《차라투스트라는 이렇게 말했다》에 나오는 구절들입니다.

"결백함은 어디에 있을까? 생식의 의지가 있는 곳에 있다. 그리고 내겐 자신을 넘어 창조하려는 자가 가장 순수한 의지를 갖고 있다."('때묻지 않은 인식')

생식의 의지란 자손을, 뭔가 새로운 존재를 낳겠다는 거지요. 나보다 뛰어난 뭔가를 만들겠다는 욕망입니다. 자식을 나보다 낫게끔 하겠다는 욕망이 가장 결백하다고 니체는 말합니다. 이것도 기독교와 극단적으로 대립합니다. 기독교는 생식을 아주 부정적으로 평가하거든요. 기독교는 생식을 결백 혹은 순결과 반대라고 보는데, 니체는 거꾸로 주장하는 겁니다.

그다음을 봅시다.

"너는 만물의 근거와 배후를 보려 했었다. 그래서 너는 너 자신을 넘어 올라가야만 한다. 위로, 위쪽으로, 네가 너의 별들마저 네 아래 둘 때까지!"('나그네')

자기를 넘어 올라가야만 모든 걸 굽어볼 수 있다는
거예요. 어제의 나보다 오늘의 내가 더 나아지겠다, 지금의
나보다 내일의 내가 더 나아지겠다는 이야기입니다. 이
맥락에서 니체는 '인간을 넘어가는 존재'를 말합니다.
독일어로 '위버멘쉬Übermensch'라고 하는데, '초인'이라고
번역해요. 위버는 영어의 오버over 또는 비욘드beyond로,
'너머'라는 뜻의 전치사입니다. 초超가 '넘어간다'는 뜻이니까,
'넘어가는 인간' 또는 '넘어서면서 존재하는 인간'이
초인입니다. 고인물이 되지 않겠다는 거예요.
　　하이데거Martin Heidegger는 이걸 크게 왜곡했습니다.
니체는 자기를 계속 넘어서자는 건데, 하이데거는 이를
남을 넘어서자는 뜻으로 해석하면서 남을 지배하는 존재가
되려는 거라고 곡해한 거지요. 니체는 남을 지배하는 것에는
관심이 없습니다. 나를 넘어서서 더 나은 존재가 되기를
지향할 뿐이지요. 남을 지배하는 일이 일어나더라도 그건
부차적으로 생기는 일일 뿐입니다.
　　니체가 생각한 인간의 세 번째 특징은 '용기'입니다.
인간은 용감한 존재라는 거예요.《차라투스트라는 이렇게
말했다》의 한 구절을 보겠습니다.
　　"하지만 내 안엔 내가 용기라고 부르는 어떤 것이 있다.
그것이 지금까지 내게서 모든 낙담을 때려죽였다. (…)
인간은 가장 용감한 동물이다. 그리하여 인간은 모든 동물을

극복했다. 군악軍樂으로써 인간은 모든 고통마저도 극복했다.
(…) 용기는 최상의 살해자다, 공격하는 용기는. 그것은
죽음마저도 때려죽인다. 용기는 "그것이 삶이냐? 좋아! 그럼
한 번 더!"라고 말하니까."('환영과 수수께끼에 대해')

　이 말이 나오는 맥락은 이렇습니다. 내가 아무리 뭔가
새로운 걸 하려고 해도 자꾸 무효가 돼요. 가장 결정적인
건 내가 어제 했던 일을 되돌릴 수 없다는 점이에요. 어제
뭔가 잘못한 게 있어서 그걸 되돌리고 싶은데 그건 과거로
가버렸기 때문에 되돌릴 수 없어요.

　'아무리 발버둥 쳐봐야 소용없어. 결국 너는 죽고 네가
한 일은 다 무효가 될 거야. 그러니 다 허무하고 가치가 없어.'

　이렇게 의지가 꺾여 낙담하고 말아요. 이런 생각이 나를
짓누르고 있습니다. 앞의 발언은 이런 맥락에서 등장합니다.

　이 모든 것에도 불구하고, 용기는 그런 생각을 다
짓누르고 나아가 때려죽입니다. 인간은 모든 동물을
넘어섰고, 모든 고통마저 극복했습니다. 공격하는 용기는
죽음마저도 때려죽이는 최상의 살해자입니다. 마지막 문장은
아주 유명하지요.

　"그것이 삶이냐? 좋아! 그럼 한 번 더 (해보자)!"

　모든 악조건에도 불구하고 한 번 더 살아보자고 할
수 있도록 해주는 게 용기입니다. 그다음에 나오는 게
'아모르파티amor fati', 즉 '운명애'예요. 이 순간에 최선을

"용기는 최상의 살해자다,

공격하는 용기는.

그것은 죽음마저도 때려죽인다.

용기는 "그것이 삶이냐?

좋아! 그럼 한 번 더!"라고 말하니까."

다했다면 죽음의 순간에 나는 이 이상 잘할 수 없는 그런
삶을 산 거라고, 전 인생을 긍정할 수 있다는 거예요.

니체와 '망치로 철학하기'

이제 니체와 관련된 중요한 오해 하나를 해명하겠습니다.
'망치로 철학하는 법'이라는 부제가 달린《우상의
황혼》(1889)이라는 니체의 책이 있습니다. 여기서 '망치로
철학한다'는 말은, 제가 아는 한 한국에서는 김진석 교수를
제외하면 모두 다 오해했습니다. 대표적으로 신영복 선생이
그린 그림에 이런 구절이 나옵니다.

　　"공부는 망치로 합니다. 갇혀있는 생각의 틀을 깨뜨리는
것입니다."

　　'틀을 깨뜨린다'고 한정했지만, 망치의 역할은
기본적으로 깨뜨리는 것, 파괴하는 것이라고 해석되고
있습니다. 물론 망치는 파괴의 도구일 수 있습니다. 조금
전에 보았듯 극복하고 때려죽이고 살해하는 건 파괴
활동이지요.

　　하지만 더 앞에서 보았듯 파괴는 창조 활동에 수반되는
부수적인 현상입니다. '창조자이어야 하는 자는 언제나

파괴한다'고 했었죠? 니체가 말하는 파괴의 밑바닥에는 언제나 창조가 있습니다. 파괴를 위한 파괴는 없어요. 이 점을 잊지 말아야 합니다.

망치에 대해 이해하는 과정에서 잠시 미켈란젤로의 작업을 보겠습니다. 24세에 만든 '피에타Madonna della Pietà'라는 작품은 바티칸의 성 베드로 대성당에 있습니다. 대리석을 다듬는 솜씨와 완성도가 대단해요.

그리고 그가 55세에 만든 '아틀란티스의 노예Chiavo detto Atlante'가 있습니다. 이 작품은 다비드상 원본이 있는 피렌체의 아카데미아 미술관에 있는데요. 특징은 완성된 부분과 원석에 가깝게 남은 부분이 병존한다는 점입니다.

끝으로 75세에 만든 '반디니 피에타Bandini Pietà'가 있습니다. 이 작품은 피렌체의 두오모 박물관에 있습니다. 흥미롭게도 예수의 몸 부분은 완성되어 있는데, 다른 인물들과 받침대는 아주 거칠게 남아 있습니다.

미켈란젤로는 세 작품 중 첫 작품은 완성했지만, 뒤의 두 작품은 완성하지 않았다고 미술사가들은 전합니다. 과연 그런가요? 제 해석을 보태보겠습니다.

24세에 완벽한 조각상을 만든 사람이 나이가 들어서 작품에 빈 자리를 남긴 이유가 뭘까요? 이 사람은 무엇을 작품으로 남기려고 한 걸까요? 저는 '자기의 삶' 또는 '자기의 작업'을 작품으로 남기려고 했던 게 아닐까 하는 생각이

들어요. 조각가로서의 자기 삶 말이에요.

조각가는 완성된 작품을 남깁니다. 여기에 한 가지
문제가 있습니다. 그가 한 일은 대리석 원석에서 어떤
이미지를 끄집어낸 거거든요. 그러니까 원석이 함께
보여야만 조각이라는 과정 전체가 드러날 수 있습니다.
결과물만 놓고는 원석에서 이미지가 생성하는 과정을 볼
수 없습니다. 원석에서 이미지가 자라나서 자리잡는 과정
전부를 보여주어야 조각이라는 활동 전체를 알 수 있습니다.
그런 의미에서 젊었을 때는 오히려 미숙했고, 나이 들어서는
전체 과정을 보여주는 자의식을 갖게 된 거라고 제 나름대로
해석해봅니다.

그런데 저 조각을 뭘로 만들었나요? 망치로 했지요.
망치로 원석에서 이미지를 뽑아냈습니다. 그럼 파편이
튀겠지요. 깨져 나간 돌 조각들이 당연히 곁에 남겠지만,
궁극적으로는 이미지를 솟구치게 했다고 봐야 할 겁니다.
미켈란젤로는 이런 말을 남겼다고 합니다.

"나는 대리석 안에서 천사를 보았고, 그를 해방시킬
때까지 깎아냈다."

정확한 출처는 확인되지 않지만, 그가 남긴 기록들에서
대략 이런 취지의 내용을 발견할 수 있다고 하네요. 저는
니체가 말한 망치의 역할이 바로 이거라고 생각합니다.

니체는《차라투스트라는 이렇게 말했다》에서 이런 말을

했습니다. 니체가 출간한 저서에서 망치에 대해 언급한 드문 구절입니다.

"내 열렬한 창조의 의지는 늘 새롭게 나를 인간에게 몰아친다. 그렇게 망치를 돌로 몰아친다. / 아, 너희 인간들아. 하나의 이미지가, 내 최상의 이미지가 돌 속에서 잠자고 있다! 아, 그게 가장 단단하고 가장 흉한 돌 속에서 잠자야 한다니! / 지금 내 망치가 그 이미지를 가둔 감옥을 잔혹하게 두들겨 팬다. 돌에서 파편들이 뿌옇게 날린다. 그게 나랑 무슨 상관인데?"('지복의 섬에서')

화자는 창조의 의지를 발휘하기 위해 망치로 돌을 칩니다. 최상의 이미지를 뽑아내려는 거지요. 이 과정에서 돌의 파편이 흩날리지만, 그건 알 바 아닙니다. 이처럼 망치는 일차적으로 창조와 건설의 도구이지 파괴의 도구가 아닙니다. 바로 그것이 인간이 하는 가장 중요한 활동이라고 니체는 말하는 거지요.

AI에게 생각을 내어주면 되돌릴 수 없다

앞서 공유가 인간의 특성이라는 것은 설명했습니다. 그런데
지금처럼 개인의 생산성이 크게 높아진 시대에는 다를 수
있지 않을까요?

전혀 그렇지 않습니다. 지금 이 순간에도 회사에서는
개인이 아니라 팀 단위로 일을 합니다. 이는 팀이라는 단위가
개인보다 더 효과적이라는 전제가 여전히 유효하다는
뜻입니다. 그리고 팀의 핵심은 결국 소통과 협업, 다시
말해 공유지요. 이 공유가 잘 작동해 시너지가 나올 때만
팀이라는 조직 형태가 의미를 갖습니다. 그렇지 않다면 팀은
존재할 이유가 없습니다. 따라서 인당 생산성이 아무리
높아지더라도, 팀의 가치는 오히려 더 커진다고 봐야 합니다.

실제로 인류는 이미 많은 것을 잃어버린 경험이
있습니다. 예를 들어 인류는 과거 달에 사람을 보냈지만,
지금은 그때와 동일한 방식의 우주선을 다시 만들 수 없다고
합니다. 문서로 남겨진 기술은 있지만 실제로 물건을 만들고
조립할 때 필요한 암묵적인 노하우, 이른바 암묵지가
사라졌기 때문입니다. 이렇게 한 번 만든 적이 있는데도
재현하지 못하는 기술을 우리는 '로스트 테크놀로지lost
technology'라고 부릅니다. 인류 역사에는 이런 사례가 적지
않아요.

그럼에도 불구하고 인류가 수많은 기술과 지식을 잃지 않고 축적해왔다는 사실은 매우 놀라운 일입니다. 그것은 연령과 젠더를 불문하고 서로 다른 구성원들이 협력해왔기 때문에 가능했지요. 이 점이 바로 인간 종, 즉 호모사피엔스의 가장 중요한 특징입니다.

물론 개개인의 역할도 분명히 존재합니다. 그중에는 천재의 역할도 있습니다. 새로운 것을 발견하고 보태는 사람들입니다. 하지만 그 이후에 중요한 것은 나머지 구성원들이 그것을 받아들이고, 잘했다고 인정하며, 반복적으로 학습하고 전수해온 과정입니다. 이것이 인간의 방식이에요.

이 과정을 구조적으로 나누어보면 도서관은 보존의 영역이고, 학교는 전수·확산·공유의 영역이며, 개인은 발견과 발명의 영역입니다. 저는 이 구조를 바탕으로, AI라는 기술이 등장한 이후 인간이 어떻게 변하고 있는지를 고민해왔습니다.

지금 가장 우려되는 지점은 인간이 자신의 생각, 의사결정, 판단과 평가를 통째로 AI에게 맡기려는 경향입니다. 다시 말해 자기 뇌를 AI에 의탁하는 상황입니다. 이와 관련해 저는 드라마 〈미스터 션샤인〉의 한 대사가 떠올랐습니다.

"빼앗기면 찾을 수 있으나, 내어주면 되돌릴 수

없습니다.”

　빼앗긴 것은 힘을 회복하면 되찾으려고 시도해볼 수 있습니다. 그러나 스스로 내어준 것은 되돌릴 의지조차 함께 내다버린 거예요. 저는 인간과 AI의 관계에서도 이와 비슷한 일이 벌어지고 있는 것은 아닌지 우려하게 됩니다. 그래서 인간을 어떻게 지켜야 할 것인가를 더 깊이 고민해야 할 시점이라고 생각합니다.

　물론 인간은 과거에도 다른 사람이나 기계에 자신의 판단과 결정을 일부 맡겨온 적이 있습니다. 그럼에도 불구하고 그것이 작동했던 이유는 분명합니다. 전제 조건이 있었기 때문입니다. 바로 ‘직접 검증’이지요. 누군가가 일을 대신 해주더라도, 최종적으로는 내가 검증한다는 전제가 있을 때만 위임은 성립합니다.

　예를 들어 상사가 부하 직원에게 일을 맡길 때도 마찬가지예요. 그 사람이 평균적으로 어느 수준의 결과를 가져올 것이라는 기대치가 있습니다. 대체로 80~90% 수준에서 일이 올라오면 나머지는 상급자가 보완해 최종 결과물을 만듭니다. 만약 결과물이 기대 수준에 지속적으로 미치지 못한다면 더 이상 일을 맡기지 않게 되겠죠. 이런 방식으로 품질 관리가 이루어져요. 인간 사회에서는 늘 이런 구조 속에서 협업과 위임이 작동해왔습니다.

기계에게 일을 맡기기 위한 조건

기계에게 일을 맡길 때는 전제가 하나 있습니다. 전통적인 기계는 결정론적으로 작동한다는 점입니다. 표현이 조금 어렵게 들릴 수 있지만, 의미는 단순해요. 어떤 입력값을 넣으면 정해진 절차를 거쳐 정해진 출력값이 나온다는 뜻입니다. 제멋대로 결과가 달라지는 것이 아니라 입력이 정확하면 출력도 정확하게 나오는 구조입니다.

우리는 이 점을 이미 잘 알고 있습니다. 그래서 계산기를 쓸 때마다 결과를 다시 검증하지 않습니다. 엑셀로 계산할 때마다 결과를 매번 의심하지도 않습니다. 왜냐하면 그 도구가 같은 입력에는 항상 같은 정답을 내놓을 것이라는 신뢰가 있기 때문이지요.

그렇다면 이런 도구의 품질 관리는 어떻게 이루어질까요? 만약 계산기가 계산을 틀리기 시작한다면, 우리는 그 계산기를 더 이상 사용하지 않을 것입니다. 굳이 쓸 이유가 없기 때문이지요. 마찬가지로 엑셀이 계속 틀린 결과를 낸다면 마이크로소프트는 시장에서 신뢰를 잃고 도태될 것입니다.

이런 방식으로 결정론적 기계는 시장과 사용자에 의해 품질 관리가 이루어집니다. 즉 버그나 고장이 발견되면 그 도구와 결별하는 거지요. 바로 이 전제가 있기 때문에 우리는 결정론적으로 작동하는 기계에게는 비교적 안심하고 일을 맡겨왔습니다.

문제는 오류가 발생했을 때입니다. 챗GPT 같은 언어 모델 AI, LLM들은 환각, 즉 잘못된 정보를 만들어내는 현상을 구조적으로 포함하고 있다는 점을 앞에서 설명했지요. 이는 단순한 실수가 아니라 설계에서 비롯된 문제라고 했고요. 그래서 현재 우리가 사용하는 생성형 AI에는 이런 한계가 분명히 존재한다고 말할 수밖에 없습니다.

이런 점에서 챗GPT와 같은 언어 모델은 신뢰의 대상이 되기도 어렵고 책임을 맡길 수도 없는 기계라고 봐야 합니다. 이를 결정론적으로 작동하는 계산기나 엑셀처럼 생각해서는 안 됩니다. 계산기와 달리 챗GPT는 믿고 맡길 수 있는 도구가 아닙니다. 따라서 질문을 던지고 나온 답변을 검증 없이 그대로 가져다 쓰는 행위는 분명히 경계해야 하며, 금지되어야 할 사용 방식이라고까지 말할 수 있습니다.

디스킬링, 인간은 어떻게 밀려나는가

문제는 AI가 그런 한계를 가진 상태임에도 불구하고, 우리가 계속해서 일을 맡기게 될 때 벌어지는 상황입니다. 그렇게 되면 우리가 원래 할 줄 알던 일조차 점점 못 하게 되는 상태에 이르게 됩니다. 이를 전문 용어로 '탈숙련'이라고 했지요. 한때는 가지고 있던 기술과 능력을 점점 잃어버리고 퇴화하는 방향으로 갈 위험이 크다는 뜻입니다.

그래서 AI를 잘 활용하느냐의 문제를 넘어 그 AI를 사용하는 본인, 다시 말해 본원의 역량이나 맨몸의 역량, 혹은 자기만의 밑천이 훨씬 더 중요해집니다. 생성된 결과물이 맞는지 틀린지, 품질이 괜찮은지 아닌지를 판단하고 평가하는 능력 역시 여기에 포함되지요. 이 부분에 대해서는 앞서 충분히 설명했고, 시니어가 구조적으로 유리해질 수밖에 없다는 점도 이미 언급했습니다.

이제 두 가지 전망을 이야기하고 싶습니다. 솔직히 말하면 이 전망은 상당히 우울합니다. 왜냐하면 우리가 특별히 어떤 행동을 하지 않더라도 인간이 자연스럽게 밀려날 가능성을 전제로 하고 있기 때문입니다. 여기서 말하는 미래는 흔히 SF에 나오는 것처럼 AI가 인간을 멸망시키는 시나리오는 아닙니다. 오히려 인간을 쓸모없는 존재로 만들어버리는 방향에 가깝지요.

그 근거는 비교적 단순합니다. 첫째, AI는 사람보다 훨씬
저렴합니다. 둘째, 일정 수준 이상의 일을 상당히 잘합니다.
앞서 말했듯 시니어 입장에서는 초급 인력을 데리고
일하는 것보다 AI를 활용해 스스로 보완하며 일하는 편이
훨씬 효율적입니다. 이런 선택이 개인 차원이 아니라 사회
전반으로 확산되면 사람을 쓰기보다는 AI를 쓰는 방향으로
구조가 이동하게 됩니다.

그 결과 인간은 서서히 노동의 중심에서 밀려나게
됩니다. 이것이 지금 제기되고 있는 가장 비관적인 전망이며,
동시에 우리가 진지하게 고민해야 할 현실적인 문제입니다.

다시 인간에 주목하다

'앞으로 인간은 어떻게 될 것인가, 그렇다면 인간은 무엇을
간직해야 하는가'라는 질문이 다시 제기됩니다. 결국
'인간으로서의 나를 어떻게 유지할 것인가'가 마지막으로
남는 질문입니다.

이에 대해 우르스 가서Urs Gasser와 빅토르
마이어쇤베르거Viktor Mayer-Schönberger의《가드레일: AI 시대에
인간의 의사결정을 인도하기》(2024)에서 단서를 찾을 수

있지 않을까 합니다. 챗GPT를 포함해 현재의 AI는 과거 데이터를 바탕으로 통계적 처리를 하는 존재입니다. 즉 과거 데이터의 패턴 안에서 답을 만들어냅니다. 그렇기 때문에 기계가 할 수 있는 것은 기존 패턴을 더 효율적으로 사용하는 수준에 머무릅니다.

예를 들어 마차를 개량하는 방법을 묻는다면 기계는 말의 힘을 더 효율적으로 쓰는 방법까지밖에 제시하지 못합니다. 그러나 인간은 증기기관을 만들었습니다. 인간은 이렇게 데이터의 연속선 바깥으로 비약할 수 있는 능력을 가지고 있습니다.

이런 비약은 대체로 기존 질서에 순응하지 않는 사람들, 삐딱하고 반항적인 이들로부터 나왔습니다. 인류 역사에서 새로운 것을 보태온 존재들이 바로 그런 사람들이었지요. 특히 젊은 세대는 낡고 관습적이며 예측 가능한 것에 반발하며 독창적이고 새로운 것, 심지어 아직 상상 속에만 있던 것까지 받아들여왔습니다.

그 결과 인간 사회 전체의 창의성이 확장되었습니다. 현재의 AI는 물론 앞으로의 AI도 데이터 바깥으로의 비약을 하기는 어려워요. 반면 인간은 늘 그래왔습니다. 누군가는 계속해서 말썽을 부리며 새로운 방향을 열어왔지요. 그래서 지금 다시 인간을 주목할 필요가 있습니다. 비약은 AI 시대에 인간이 간직해야 할 가장 중요한 특징입니다.

속도와 편리함을 넘어, 인간이 지켜야 할 것

조만간 트랜스휴먼을 지향하는 집단과 협업하거나 소통하게
되면서 여러 마찰이 생길 가능성이 있다는 의견도 있습니다.
트랜스휴먼은 기술을 통해 인간의 신체·인지 능력을
확장하거나 한계를 넘어서겠다는 사상을 말합니다. 쉽게
말해 생명공학 및 기계·디지털 기술과 결합해 '업그레이드
인간'이 되려는 생각입니다.

　　그러나 트랜스휴먼 문제는 결코 단순하지 않습니다.
특히 디지털 기술을 다루는 일부 사람들은 생명체를
지나치게 단순하게 보는 경향이 있습니다. 생명체는 약 40억
년에 걸쳐 축적된 결과물인데요. 이를 반도체 연산으로
대체하는 것은 무리라고 봅니다. 일부 기능은 흉내 낼 수
있을지 몰라도, 생명의 메커니즘 자체를 알지 못해 모방조차
불가능한 영역이 분명히 존재합니다.

　　뇌-컴퓨터 인터페이스나 트랜스휴먼 기술은 인간과
기계를 결합해 능력을 증강하려는 시도입니다. 몸의
감각이나 운동 기능을 보조·관리하는 기술은 점점 확산할 수
있습니다. 다만 추상적인 사고 수준까지 기계가 개입할 수
있을지는 여전히 의문이에요. 장애를 가진 사람들의 재활을
돕는 기술로서는 매우 유용하지만 모든 사람에게 보편적으로
적용되는 전면적 확산은 쉽지 않다고 봅니다.

현재 기술이 추구하는 방향은 속도와 편리함입니다.
이는 분명 달성되고 있고 그 자체를 부정할 필요는 없습니다.
빠르고 손쉽게 할 수 있다는 점은 분명 장점입니다.
다만 AI 이후 오히려 일이 늘어나 과부하를 호소하는
사람도 많습니다. 속도와 편리함을 추구할 때 발생하는
부작용이지요.

　　한편 인간이 본래 추구해온 것은 속도와 편리함만이
아닙니다. 인간은 재미와 보람도 추구합니다. 일의 성과가
양적인 지표로 충족되고 나면 재미있고 보람 있는 경험을
원하게 됩니다. 이 지점은 기술이 대신해주기 어렵습니다.
특히 재미의 본질, 예술적 경험에서의 재미와 보람은 기술로
대체되기 어렵다고 봅니다.

　　예를 들어 영화를 10분 요약으로 소비하는 방식이
늘어나고 있는데요. 그렇다면 영화를 본다는 경험의 의미는
무엇일까요? 음악 역시 마찬가지입니다. 시간을 온전히
들여야만 가능한 경험들이 분명히 존재하며, 그 시간 자체가
경험의 일부입니다. 그 시간이 아깝다면 차라리 포기하고
다른 선택을 하는 것이 맞습니다. 소설도 마찬가지입니다.
줄거리만 아는 것이 아니라 한 페이지씩 넘기며 읽는
과정에서 생기는 감동과 깨달음이 독서 경험의 본질입니다.

　　이런 경험들은 모두 재미의 영역에 속합니다. 그렇기
때문에 문학과 예술의 경험은 기술로 대체되기 어렵고,

속도와 편리함에 양보될 성질의 것이 아닙니다. 이것은 인간이 인간으로 존재하는 이유와 관련됩니다.

어떤 미래를 만들 것인가?

미래를 건설하는 건 결국은 미래 세대입니다. 어떤 시대의 문화를 결정하는 것도 젊은이들입니다. 나이 든 사람은 젊은이들보다 더 빨리 죽어요. 그러니 아무리 "이런 게 좋은 거야, 이렇게 살아야 해"라고 말해도 젊은 층이 받아들이지 않으면 별 소용이 없습니다.

미래 세대에게 결정권이 있습니다. 기성세대가 미래의 가치를 아무리 얘기한다 한들 그걸 실현하고 실천하는 건 젊은 층입니다. 그걸 받아들이고 말고는 기성세대가 결정할 문제가 아닙니다. 그래서 미래 세대와의 관계가 중요합니다. 기성세대가 믿음을 줘야 젊은이들도 그 가치를 함께 추구할 겁니다.

하지만 기대만큼 쉽지는 않습니다. 피라미드에 '요즘 것들은 버르장머리가 없다'는 낙서가 있다는 얘기 들어보셨나요? 이건 확인되지 않은 이야기래요. 그런데 2천 년쯤 전 로마 문헌에는 그와 비슷한 내용이 있었다고

확인되었어요. 기성세대와 신세대 사이에 늘 갈등이
있었다는 거지요.

　자식들은 결국 하고 싶은 대로 해요. 돌아보면 저도
그랬던 것 같아요. 부모님이 바랐던 것과는 별개로 멋대로
살았던 것 같습니다. 윽박지른다고 말을 들을 젊은이들이
아닙니다. 존경받는 삶을 살면 젊은이들이 참고는 하겠지요.

　여기서 중요한 키워드는 실험과 도전입니다. 이는
반드시 개인 차원에서 이루어져야 합니다. 이를 설명하기
위해 흔히 예로 드는 것이 비디오 플레이어의 사례입니다.
AS센터에 가장 많이 접수된 고장은 기계적 결함이 아니라
아이들이 햄버거 같은 엉뚱한 물건을 플레이어에 집어넣어
생긴 문제였습니다. 아이들은 테이프가 들어갔다 나오는
것을 보고 다른 것도 가능하지 않을까 실험해본 거지요.

　아이들의 이런 말썽은 단순한 사고가 아니라 실험과
도전의 결과입니다. 될 법하다고 생각했기 때문에 해본
것이고, 결국 이런 아이들이 커서 새로운 지식과 기술을
만들어내는 사람이 됩니다.

　하지만 한국 사회는 이런 행동을 지나치게 말리는
경향이 있어요. 이제는 이런 시도를 단순한 훈계나 통제로
다룰 것이 아니라 어느 정도는 허용하고 감내할 필요가
있습니다. 무모한 위험을 권장하자는 이야기는 아닙니다.
다만 아이들이 직접 해보고, 실패하고, 몸으로 배우는 경험

자체를 지나치게 차단하는 현재의 분위기는 변화시킬 필요가
있습니다. 실험과 도전을 통해 배우는 과정이야말로 새로운
것을 만들어내는 출발점이니까요.

창의력을 어떻게 교육할 것인가?

그렇다면 이제 창의력을 어떻게 교육할 것인가, 어떻게
길러낼 것인가를 고민해봅시다. 저는 예술가의 삶의 방식과
작업 방식에 주목했습니다. 예술가가 되자는 이야기가
아니라, 그들의 태도와 방식에서 우리가 배울 수 있는 힌트를
찾아보자는 취지예요.

　　예술가들의 작업 방식에서 가장 두드러지는 특징은
지식을 대하는 태도입니다. 이들에게 지식은 무작정 많이
알아야 할 것이 아니라, 자기 작업에 실제로 쓰이는 것으로
한정됩니다.

　　이유는 분명합니다. 남이 이미 한 것을 반복하면
표절이 되고, 새로운 작업이 되지 않기 때문이지요. 그래서
예술가들은 매우 부지런히 조사하고, 자기 작업에 필요한
지식만을 선별해 축적합니다. 지식은 목적 없는 축적이
아니라 작업을 위한 자원이 됩니다.

두 번째 특징은 실기입니다. 예술가는 말로만 작업하지 않아요. 재료와 매체를 직접 다루지 않으면 작업 자체가 성립하지 않습니다. 이 과정에서 기능과 지식이 분리되지 않고 통합되지요. 성공할지 실패할지는 알 수 없지만 계속 시도하고 반복하면서 조금씩 성장합니다. 결국 모든 것은 실습으로 이어집니다.

이 점에서 누구나 한번쯤은 창작자, 메이커로서의 활동을 해보는 경험이 중요합니다. 학교 교육에서도 이런 실습과 창작의 경험이 좀 더 일반화될 필요가 있어요.

배운 것을 가장 잘 기억하는 방법은 두 가지입니다. 하나는 즉시 써먹는 것이고, 다른 하나는 남을 가르치는 것입니다. 즉시 써먹는다는 것은 배운 지식을 어디에 어떻게 활용할지를 계속 고민한다는 뜻이기도 합니다. 예술가들은 무엇을 보든 '이걸 어떻게 써먹을 수 있을까?'를 먼저 떠올립니다. 남을 가르치는 것도 마찬가지입니다. 가르치면서, 자신이 알고 있는 지식을 남에게 설명하는 과정에서 이해가 훨씬 깊어집니다.

저 역시 학창 시절에 남을 가르치면서 많이 공부가 되었습니다. 친구들이 가져온 문제를 함께 풀다 보면 가장 어렵고 핵심적인 문제를 반복해서 다루게 돼요. 그 과정에서 지식이 머리에 더 잘 남습니다. 그래서 남을 가르치는 경험은 단순한 봉사가 아니라 가장 강력한 학습 방식입니다.

또 한 가지 힌트를 드리겠습니다. 방금 소개한 예술가의
작업 방식을 누구나 실천할 수 있는 방법이 있는데요. 바로
글쓰기입니다. 1강에서 글쓰기에 관해 자세히 설명했죠?
누구나 글쓰기를 통해 예술가의 삶을 살아갈 수 있습니다.

AI와 인간의 차이: 예술

AI가 예술을 창작할 수 있을까요? AI의 생성물 앞에서 많은
이들이 질문을 던집니다. 저는 예술이야말로 AI와 인간의
차이를 드러내는 결정적 사례라고 봅니다.

저는 십분 양보해서 AI가 만든 작품, 즉 그 결과물은
100% 인정하고 받아들일 수 있습니다. 결과물이 미적
가치를 담고 있으면 그걸 예술 작품이라고 하지 않을 이유가
없거든요. 심지어 AI가 만든 작품을 보고 감동이 느껴지기도
해요. 그런 면에서는 AI가 만든 작품도 예술일 수 있는
것처럼 보이기도 합니다.

그런데 AI 스스로는 그게 새로운지 몰라요. 그 작품을
창의적이고 감동적이라고 평가해준 건 결국 인간이에요.
인간만이 AI가 만든 작품을 보며 "와, 이거 새롭다!"라고
하는 거지요.

AI는 미적 가치를 평가하지 못합니다. 자신이 탄생시킨 작품이나 화풍에 대해 생각을 품지도 못하고 자기 작품을 감상하지도 못해요. 인간 예술가는 달라요. 자신이 그린 작품 중 전시회에 걸고 싶은 작품 10개를 고르라고 하면 잘 골라냅니다. 이건 좋다, 이건 별로다, 이건 이래서 그렸다 등 이유를 대면서 스스로 평가해요.

AI는 자기 작품은 물론 다른 작품도 평가하지 못합니다. AI에게 미술사에 등장했던 수많은 작품 중에 어떤 것을 좋아하며, 왜 좋은지 10개만 꼽아 설명하라고 하면 어떨까요? 미술사 속 작품뿐 아니라 동시대에 창작되고 있는 작품에 대해서도 이런 평가 작업은 불가능해요. 원리상 AI는 평가 기준을 자기 바깥에 둘 수밖에 없기 때문이에요. 그 기준은 인간이 준 것이고요.

AI 자신은 예술가가 될 수 없습니다. 이 점을 이해하기 위해 우리는 "하나의 작품은 작가가 그 안에서 자기 의도에 도달할 때 만족된다"라는 화가 렘브란트의 말을 참조할 수 있어요. 이 말은 그 어떤 작가라도 충분히 동의할 수 있을 거예요. 우연한 효과를 강조하는 작가라 할지라도 결국 그 효과를 낳는 것이 작가의 의도니까요.

미술사가 곰브리치Ernst Gombrich는 이 구절과 관련해서 "하나의 그림이 완성됐다고 판단할 권리는 화가에게 있다"라고 적절하게 해석했습니다. 다들 알다시피 작품에서명하기 전에 작가는 충분히 숙고합니다. 서명의 순간은 작품이 완성되는 순간, 즉 작품이 완성됐다고 작가가 승인하는 순간이지요. '사족蛇足'이라는 말이 왜 있겠어요? 뱀을 그리다가 다리까지 그려 완성 시점을 놓쳤기 때문이지요.

완성의 순간에 주목하면 그 어떤 예술 작품이든 작가의 평가를 통해 완성된다는 것을 알 수 있습니다. 이런 점에서 작품을 완성하는 건 작가의 권리인 거지요. 저는 이런 걸 '마감의 미학'이라고 부르고 싶어요. 마감의 미학은 인간에게만 존재해요.

붓과 캔버스가, 피아노와 플루트가, 대리석과 청동이 예술을 창작하는 것이 아니듯 AI가 예술을 창작하는 건 아니에요. 단지 인간 예술가에게 재료와 수단을 빌려주는 것일 뿐이지요. 작품을 마감하는 건 인간입니다.

3강 | 강의노트

▶ **인간의 특징, '공동 뇌'**

　① 협업을 통해 집단의 발전이 가능

　② 감정, 기억, 생각을 공유하고 뇌파를 일치시키는 현상

　③ 공유된 지식이 축적되어 문명을 이룸

▶ **인간을 구성하는 것**

　① 도서관: 인류가 축적한 유산의 총체

　② 학교: 인류의 유산을 미래 세대에게 전수

　③ (별난) 개인: 도전과 실험을 통해 새로운 것을 창조

▶ **니체가 본 인간의 특징**

　① 평가하기: 무언가에 가치를 부여하고, 새로운 가치를 창조

　② 넘어서기: 나를 넘어서서 더 나아지는 존재

　③ 용기: 좌절과 낙담 앞에서 삶을 긍정하는 용기

▶ **AI 시대에 필요한 인간의 특성**

　→ 창의력과 비약: 기존 흐름에서 벗어나는 생각과 시도

　→ 개인의 고유 역량에 따라 격차가 증폭됨

생각해볼 질문들

Q 인간을 구성하는 도서관, 학교, 개인 중 가장 중요한 것은 무엇이라고
생각하나요? 그리고 그 이유는 무엇인가요?

4강   언어력을
기르는 법

AI의 등장으로 인간의 언어력은 퇴화할까?

챗GPT 같은 도구의 등장 이후 언어력이 퇴화하는 것은
아닐지에 대한 우려가 자연스럽게 제기되고 있습니다.
오히려 문제 해결력이나 접속 능력처럼, 지금까지 우리가
충분히 인식하지 못했던 새로운 역량이 더 중요해지는 것은
아닐지, 언어력을 높이자는 말 자체가 이미 현실적으로
성립하기 어려운 흐름은 아닌지 하는 질문도 뒤따릅니다.

실제로 다보스포럼WEF에서 1,000개가 넘는 기업을
대상으로 앞으로 직원들이 갖추어야 할 가장 중요한 역량이

2030년까지 중요도가 커질 역량이라고 생각하는 비율(%)

출처 | WEF(2024), Future of Jobs Survey 2024

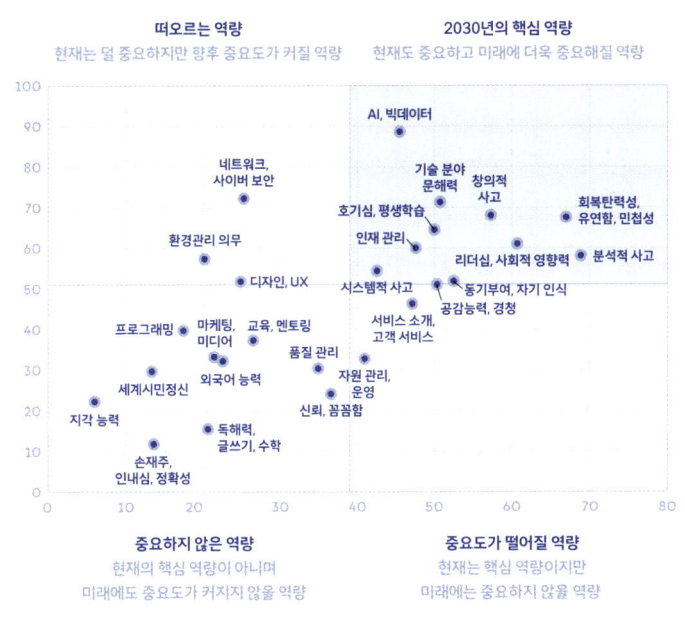

고용주를 대상으로 조사한 2025년의 업무 핵심 역량과
2030년 핵심 역량으로 기대되는 항목 비교

무엇인지를 조사한 사례가 있어요.[1] 이 조사에서는 여러
역량을 사분면으로 나누어 제시했는데요. 일반적으로
주목받는 1사분면 영역보다 저는 3사분면 영역에 위치한
역량이 가장 중요하다고 판단했습니다(손재주, 인내심,

---

1   '2025년 직업의 미래 보고서(The Future of Jobs Report 2025).'
     https://www.weforum.org/publications/the-future-of-jobs-
     report-2025/in-full/

정확성; 독해력, 글쓰기, 수학; 신뢰, 꼼꼼함; 지각 능력; 외국어 능력; 세계시민정신; 품질 관리; 마케팅, 미디어; 프로그래밍; 교육, 멘토링) 그 핵심에 언어력이 포함된다고 생각합니다.

기업의 관점에서 중요한 역량이란 결국 '잘 파는' 능력입니다. 소비자의 지갑을 열게 할 수 있어야지요. 그렇다면 출발점은 구매자를 아는 데 있습니다. 구매자를 이해하는 능력이 모든 역량의 바탕에 놓여야 하지요. 앞서 문학을 향유하는 경험이 인간을 이해하게 만든다고 했는데요. 언어의 본질 역시 인간을 아는 데 있다고 볼 수 있습니다.

홍보에서 카피를 예로 들면 이 지점이 더욱 분명해집니다. 카피가 잘 작동한다는 것은, 그것을 접한 사람들이 직관적으로 반응한다는 뜻입니다. 이 직관은 인간에 대한 이해에서 나옵니다. AI는 수많은 카피 후보를 만들어줄 수 있지만 그중에서 '이건 실제로 먹힐 것 같다'는 판단을 내리는 것은 결국 인간입니다. 인간인 내가, 혹은 인간인 동료가 느끼기에 사람에게 통할 것 같다는 감이 없다면 그 문구를 그대로 사용할 수는 없습니다.

바로 이 지점에서 평가하는 능력이 중요합니다. 인간으로서 인간을 느끼고, 인간에게 통하는 무언가를 만들어내는 능력입니다. 그것은 문학일 수도 있고, 철학일 수도 있으며, 기술이나 카피일 수도 있습니다. 이 모든 것은 같은 층위에서 형성돼요.

이런 맥락에서 문제 해결력이나 접속 능력처럼 새롭게 거론되는 역량들은 언어력을 대체하는 역량이라기보다는 언어력 위에 덧붙여지는 부차적인 능력에 가깝다고 생각합니다. 접속 능력이 있다고 해서 언어력이 자동으로 생기는 것은 아니에요. 오히려 언어력이 갖추어져야 접속 또한 가능해집니다. 그래서 저는 언어력, 소통력, 협업력이 가장 바탕이 되는 역량이며 다른 능력들은 그 이후에 비로소 의미를 갖는다고 봅니다.

언어력 기르기 1단계: 독해력

어떻게 읽을 것인가?

언어력에는 여러 능력이 포함되지만 그중에서도 중심에
놓여야 할 것은 언어로 쓰인 정보를 흡수하고 소화하는
능력이라고 생각합니다. 1강에서 강조했듯 여기에 요약하는
능력도 포함되지요. 요약 능력은 특히 짧은 시간 안에 핵심을
파악해 상대방에게 전달해야 할 때 매우 중요하게 작동합니다.

　그렇다면 읽기 훈련은 어떻게 해야 할까요? 저는
오랫동안 논술을 가르친 경험이 있고, 현재도 초중고 및
대학에서 학생을 가르치는 분들과 자주 이야기를 나눕니다.
일간지에 전면 칼럼을 연재하고 있기도 합니다. 그 경험을
바탕으로 보면 읽기보다 더 중요한 것은 쓰기입니다. 쓰려는
목적이 있을 때 비로소 읽기가 제대로 작동합니다.

　목적 없이 읽는 글은 머리에 잘 들어오지 않습니다.
반대로 쓰려는 목표의식을 가지고 책이나 논문, 단편적인
글을 읽으면 상황이 달라집니다. 자신이 다루고자 하는
주제, 관심사와 맞닿은 부분들이 자연스럽게 눈에 들어오고
중요한 대목들이 선명하게 떠오릅니다. 그 과정에서 읽기의
효율성은 눈에 띄게 높아지지요.

아무 문제의식 없이 '읽다 보면 뭔가 건질 게 있겠지'라는 마음으로 읽으면 많은 내용이 그냥 흘러가버리기 쉬워요. 그러나 분명한 질문을 가지고 읽으면 그 안에서 핵심이 또렷하게 드러납니다. 저는 바로 이 지점이 읽기 훈련의 핵심이라고 생각합니다.

1990년대와 2000년대에 대학 입시에서 논술 시험이 활발히 활용되었던 이유도 여기에 있다고 봅니다. 지문을 제시하고 그 안의 내용을 활용해 자신의 글을 쓰게 했던 방식은, 단순한 독해가 아니라 '제시된 자료를 자기 안에 녹여낸 다음 표현하는 능력'을 발휘해야 하는 구조였습니다.

결국 읽기는 쓰기와 분리될 수 없습니다. 읽은 내용을 써먹을 수 있도록 자기 언어로 소화한 다음에 표현하는 순서로 진행해야 효과적입니다. 그래서 저는 먼저 쓰는 과제를 제시하고 그다음에 읽을거리를 제공하면 상당히 유효한 읽기를 할 수 있다고 생각합니다.

사실 저는 평균적인 독서량이 많지는 않습니다. 철학을 전공하면서 철학 책을 읽던 속도로 책을 읽는 게 습관이 됐기 때문입니다. 철학 책 한 권을 제대로 읽으려면 몇 달, 길게는 몇 년이 걸리기도 합니다. 모든 책을 그런 방식으로 읽어야 한다고 생각하면 오히려 독서를 시도하기 어려워집니다.

그래서 철학 관련 책이나 논문은 여전히 천천히 읽지만 다른 주제의 책들은 전혀 다른 방식으로 접근합니다. 앞서 말했듯 문제의식을 기준으로 발췌하며 읽습니다. 여기서 발췌란 누군가가 요약해놓은 글을 읽는다는 뜻이 아니라 제 관심사와 맞닿아 '꽂히는' 지점을 중심으로 자료를 읽는다는 의미입니다.

저는 평소에 관심 있는 주제들의 목록을 마음속에 두고 있습니다. 누군가가 소셜미디어에서 언급하든, 뉴스 기사나 논설에 스치듯 등장하든 관심이 가는 주제와 연결되는 내용이 보이면 일단 수집합니다. 개인적으로는 이런 자료들을 한곳에 모아두는 공간이 있는데 카카오톡보다 텔레그램의 '저장된 메시지'를 주로 이용합니다. 카카오톡은 컴퓨터에서 과거 데이터를 불러오지 못하는 경우가 많아서 포기했어요. 전에는 구글 킵이나 노션 같은 메모 앱을 썼지만 저한테는 불편하더라고요. 그렇게 모아둔 자료들을 시간이 날 때 차분히 읽고, 필요하다고 느껴지면 출처를 따라가 원문을 확인합니다.

또 하나의 방식은 서점 활용입니다. 과학이나 인문학처럼 관심 있는 분야의 신간은 일단 구입합니다. 꼭 바로 읽지는 않아요. 대신 나중에 과제가 주어지거나 글을 써야 할 상황이 되면 그동안 모아둔 책과 논문을 한꺼번에 다시 훑어봅니다. 책 몇 권, 논문 수십 편을 빠르게 검토하면서 하나의 생각을 정리해나가지요.

읽고 나면 그다음으로 중요한 것이 소통력입니다.

소통력이란 자신이 알고 있는 것을 다른 사람이 이해할 수 있도록 표현하고 전달하는 능력입니다. 내가 연구하고, 경험하고, 축적한 지식과 정보, 노하우는 전달될 때 비로소 공동의 자산이 됩니다. 혼자만 알고 있는 지식은 사회적으로는 존재하지 않는 것과 다르지 않습니다. 여기서 핵심 역할을 하는 것이 소통력이지요. 그리고 전달이 가능해야 협업이 성립해요. 그래서 언어력, 소통력, 협업력은 반드시 이 순서대로 이해할 필요가 있습니다.

독해력이 중요한 두 가지 이유

이와 관련해 언어력, 특히 깊이 읽는 독해력과 문자를 통한 의미 해석 능력이 중요한 이유는 1강에서도 언급했듯 크게 두 가지로 정리할 수 있습니다.

첫 번째 이유는 자신의 좁은 경험의 범위를 넘어설 수 있다는 점입니다. 동물도 학습하지만 그 학습은 거의 전적으로 자신의 직접 경험 안에서 이루어집니다. 반면 인간은 책을 통해 자신이 경험하지 않은 세계를 배우지요. 책 속에는 인류가 오랜 시간에 걸쳐 축적해온 지식과 동시대 사람들이 쌓아 올린 경험, 지혜가 담겨 있습니다. 이를 통해 인간은 자신의 경험 세계를 수만 배, 수십만 배로 확장할 수 있습니다. 하지만 독해력이 부족하고 언어력이 뒷받침되지 않으면 이 확장은 불가능합니다.

두 번째 이유는 언어력을 통해서 비로소 자기 판단과 행동의 주인이 될 수 있기 때문입니다. 무엇인가를 제대로 이해하지 못하면 결국 더 잘 아는 사람의 말을 따를 수밖에 없어요. 타인의 설명에 의존해 생각하고, 그에 따라 결정하고, 그에 따라 행동하게 됩니다.

이런 상태를 우리는 흔히 '노예'라고 부릅니다. 자기 삶의 주인이 되지 못하고 판단을 외주화한 상태입니다. 이 지점에서 언어력은 단순한 학습 능력이 아니라 스스로의 자유와 직결된 핵심 역량이 됩니다.

더욱이 우리 사회에는 하나의 심각한 문제가 있습니다. 1강 초반에서 OECD의 조사 결과를 보았는데요, 한국 사회의 전반적인 언어력이 실제 생활을 유지하기 어려울 정도로 현저히 약화되어 있다는 점이에요. 예를 들어 물건을 사면 동봉되어 있는 설명서를 이해하는 능력, 약 포장지의 경고 문구를 읽고 해석하는 능력, 바닥 장판을 깔기 위해 필요한 수량을 계산하는 능력 같은 것들인데요. 겉으로 보면 언어 문제처럼 보이기도 하고 수리 문제처럼 보이기도 하지만 본질적으로는 모두 확장된 언어력에 해당합니다.

결국 이 조사 결과가 말해주는 것은 분명해요. 언어력이 부족하면 정보를 읽어도 이해와 판단으로 이어지지 않고 삶에 실질적인 도움을 받지 못한다는 것입니다. 이런 상황 속에서 언어력, 특히 읽고 해석하고 판단하는 능력은 이전보다 훨씬 더 중요해질 수밖에 없어요. 그래서 지금 이 시대에 언어력은 선택의 문제가 아닌, 자기 삶을 지키기 위한 필수 조건입니다.

독서 모임으로 언어력을 키우자

도대체 언어력을 어떻게 길러야 하느냐는 질문을 많이 받습니다. 특히 학생이 아니라 이미 성인이 되어 직장 생활을 하고 있는 사람들이 이제 와서 언어력을 기를 수 있겠느냐는 고민을 많이 토로합니다.

경험상 제가 비교적 현실적이고 실천 가능하다고 판단한 방법은 독서 토론 모임이에요. 실제로 요즘 유료 독서 모임이 상당히 많아요. 참여하는 비용이 적지 않은데도 성황리에 운영되고 있습니다. 참여하는 사람들이 분명히 얻어가는 것이 있기 때문이겠지요. 저 역시 독서 모임에서 클럽장을 해본 경험이 있는데, 혼자 읽을 때와는 분명히 다른 밀도가 생깁니다.

꼭 비싼 유료 모임이 아니어도 됩니다. 사적으로도
충분히 가능합니다. 다만 같은 부서 사람들끼리는 피하는
것이 좋아요. 다른 부서나 다른 직무에 있는 사람들과 모이는
것이 좋습니다. 독서 모임을 구성할 때 가장 중요한 조건은
구성원들의 전문 분야가 서로 달라야 한다는 점입니다.
비슷한 분야 사람들끼리 모이면 새로운 관점이 생기기
어렵거든요. 다양성이 확보되어야 자극이 커집니다.

또한 발언 시간이 비교적 고르게 배분되어야 합니다.
한 사람에게 발언 시간이 과도하게 쏠리지 않도록 전체
시간을 미리 염두에 두는 것이 좋습니다. 제 경험상 6명
정도가 참가한다면 두세 시간 정도는 필요합니다. 이야기가
깊어지면서 자연스럽게 주제가 확장되기 때문이지요.

진행 방식은 비교적 단순합니다. 선정된 책을 읽고
각자가 질문이나 이해되지 않는 지점, 함께 이야기해보고
싶은 내용을 900자 정도 분량으로 두세 개 정리해 옵니다.
다섯 명만 모여도 10개 이상의 쟁점이 나옵니다. 모임에서는
이것을 하나씩 다룹니다. 이렇게 진행하면 혼자 읽었을
때보다 사람 수만큼, 혹은 그 이상으로 관점이 확장돼요.
누군가는 이해하지 못했던 부분을 이해하고 누군가는 전혀
생각하지 못했던 방향을 발견하게 되지요.

모임이 끝난 뒤에는 공통 게시판이나 공유 공간에 각자의
총평을 정리합니다. 처음에 쓴 글보다 조금 더 길게 정리하는

것이 좋아요. 독서 모임에 참여하는 과정에서 읽기, 듣기, 말하기, 쓰기가 모두 함께 훈련됩니다. 모임 주기는 2주에 한 번일 수도 있고 한 달에 한 번일 수도 있습니다. 모임을 여러 개 운영하면 체감상 더 자주 참여하는 효과도 낼 수 있습니다.

독서 모임 전 단계에서 서로 요약한 내용을 비교해보는 것도 매우 좋은 훈련입니다. 누군가의 요약을 보며 핵심을 잡는 방식, 표현 방식, 사고의 구조를 자연스럽게 배우게 됩니다.

어떤 책을 고를 것인가의 문제는 늘 논란이 됩니다. 개인적으로 유튜브 서평이나 추천 영상은 우선 배제하기를 권합니다. 상업적 요소가 강한 경우가 많기 때문이지요. 대신 신문이나 잡지에 실린 서평을 우선적으로 참고하는 것이 좋습니다. 언론사나 매체가 전문가에게 원고를 의뢰하고 비용을 지불하는 과정에서 일정 수준 이상의 사전 검증이 이루어지기 때문이에요.

또 하나는 고전입니다. 짧게는 수십 년, 길게는 수백 년 동안 살아남은 책들은 다 이유가 있어요. 몇 달에 한 번 정도는 고전을 함께 읽고 나머지는 시의성이 있는 책들을 섞어 읽는 방식이 균형 삽힌 독서라고 생각합니다.

개인적으로 좋아하는 방식은 서점에 직접 가서 책을 고르는 것입니다. 예전에는 문학 코너를 오래 서성이기도 했고, 철학, 인문학, 사회과학, 과학 코너를 차례로 돌며 제목만 쭉 훑어보기도 했어요. 책 제목과 목차를 살펴보는 것만으로도 생각보다 많은 자극을 받게 됩니다. 그러다 눈에 걸리는 책이 있으면 몇 쪽 들춰보고 다시 내려놓기도 합니다. 그 과정 자체가 이미 독서의 일부라고 느낍니다.

이 방식은 온라인 서점에서도 어느 정도 가능해요. 서점 사이트에서 한 분야의 신간 제목만이라도 쭉 훑어보면 그중에서 유독 클릭해 보고 싶은 책이 생깁니다. 그렇게 우연히 만난 책이 의외로 오래 남는 경우도 많아요. 이런 '우연한 발견'에 기대는 독서도 충분히 가치 있는 방식이라고 생각합니다.

독서 모임은 단기간에 언어력을 끌어올려주지는 않습니다. 그러나 분명한 것은, 성인이 된 이후에도 언어력은 충분히 훈련할 수 있다는 거예요. 가장 현실적인 방법이 바로 함께 읽고, 함께 말하고, 함께 듣고, 함께 쓰는 경험입니다.

끝으로 꼭 유의해야 할 점이 있습니다. 독서 모임을 단순한 친목 모임으로 만들어서는 안 됩니다. 책을 읽지 않은 채로 참여해 책 이야기는 거의 하지 않고 잡담이나 불평만 늘어놓는 모임이 되면 그 순간부터 모임은 의미를 잃습니다.

독서 모임은 자신의 언어력, 그리고 언어력과 직결된 사고력을 기르기 위한 훈련이라는 점을 분명히 인식할 필요가 있습니다. 만약 성의 없이 참여하는 사람이 있다면 과감하게 정리하는 것도 필요합니다. 모두를 끌고 가려다

보면 모임의 밀도가 떨어집니다. 문제의식을 공유하고 책 이야기를 진지하게 나눌 수 있는 사람들끼리 모여야 성과가 납니다.

장소 역시 중요합니다. 카페처럼 소음이 많은 공간보다는 요즘 많이 생긴 소규모 세미나실, 임대 가능한 학습 공간이 훨씬 집중하기에 좋아요. 환경이 달라지면 대화의 밀도도 자연스럽게 달라집니다.

언어력 기르기 2단계: 소통력

창작의 기본, 글쓰기

언어력은 결국 소통력으로, 더 나아가 협업력으로까지 확장되어야 합니다. 저는 이를 위해 반드시 직접 해보아야 하는 활동의 하나로 글쓰기를 추전합니다. 글쓰기는 아무것도 없는 상태에서 시작해 머릿속에 뒤엉켜 있는 생각이나 어느 정도 정리된 생각을 밖으로 꺼내 구현하는 과정입니다. 생각을 객관화하는 방식이라고도 할 수 있지요.

글쓰기는 목적에 따라 크게 두 가지로 나눌 수 있습니다. 하나는 실용적인 글쓰기입니다. 편지, 보고서, 문서 작성처럼 우리가 일상적으로 수행하는 대부분의 글쓰기가 여기에 해당합니다. 다른 하나는 예술적인 글쓰기입니다. 시, 소설이나 에세이 같은 창작 글쓰기를 말합니다. 중요한 점은 실용적인 글쓰기와 예술적인 글쓰기가 구조적으로 다르지 않다는 것입니다.

1강에서는 글쓰기의 과정을 순서에 따라 살펴보았습니다. 이번에는 주관적 단계와 객관적 단계로 나누어 살펴보겠습니다. 글쓰기는 공통적으로 두 단계로 이루어집니다. 첫 번째 단계는 글감을 수집해서 종합하는 과정입니다. 먼저 자료를 모으고 생각을 축적합니다. 그다음에 수집한 것들을 선별하고, 편집하고, 구성하고, 종합하는 과정이 이어집니다. 이 과정을 통해 비로소 하나의 글을 만들 준비가 끝납니다.

두 번째 단계는 남에게 보여주기 위한 단계입니다. 이 객관적 단계가 중요합니다. 글이 개인적인 기록에 그치지 않고 외부에 공개될 경우 우리는 반드시 검토 과정을 거치게 되지요. 이때 자연스럽게 비판적인 안목이 길러집니다. 스스로를 점검하고 무엇이 부족한지를 살피는 과정 자체가 성장의 일부예요.

여기에 타인의 피드백까지 더해지면 효과는 훨씬

커집니다. 무엇을 고쳐야 하는지 분명해지고 다음 작업에
바로 반영할 수 있기 때문입니다.

　이처럼 창작 실습으로서의 글쓰기가 일상 속에
포함되면 언어력의 학습 효과는 극대화됩니다. 이는 단순히
기술을 하나 더 익힌다는 뜻이 아니라 우리의 사고력과
판단력, 표현력이 함께 성장한다는 의미입니다. 결국
언어력에서 출발한 훈련이 소통과 협업, 그리고 개인의
전반적인 성장으로 이어진다고 볼 수 있어요.

AI 작가는 인간을 능가할 수 있을까?

AI 작가의 시대가 온다고들 말하지만, 저는 'AI가 글을
쓴다'는 표현까지는 비유적으로 받아들일 수 있어도 'AI가
글을 잘 쓴다'는 말에는 동의하기 어렵습니다. 이유는
단순합니다. AI가 만든 글에는 '맛'이 없어요.

　얼마 전까지만 해도 AI에게 질문한 뒤 그 답변을
그대로 소셜미디어에 올리는 사람들이 꽤 있었습니다.
몇 줄만 읽어보면 금방 사람이 쓴 글이 아니라는 느낌이
듭니다. 문장은 매끈한데 어딘가 비어 있고 읽고 나면
남는 것이 없어요. 다 읽고 나면 맨 끝에 "이 글은 챗GPT가

작성했습니다"라는 문구가 있어 '짐작이 맞았구나' 하는
경우도 자주 있었습니다. 글을 읽어온 경험이 많은 사람에게
AI의 글이 잘 쓴 글로 느껴지기는 쉽지 않아요.

　일본에서 AI를 활용한 작품이 문학상을 받은 사례가
있습니다. 하지만 그 역시 AI가 쓴 글을 그대로 가져다 쓴
결과는 아니에요. 인간 작가가 자신의 문제의식 안에서 AI가
만들어낸 문장을 충분히 소화하고 변형했기 때문에 가능했던
일입니다. AI가 대신 쓴 글이 문학이 되었다고 말하는 것은
무리입니다.

　인간이 글을 쓰는 데는 분명한 이유가 있어요. 글쓰기는
소통과 깊이 연결되어 있습니다. 내가 느낀 것, 내가 경험한
것을 저 사람도 느낄 수 있을 거라는 믿음이 전제로 깔려
있습니다. 그래서 인간은 늘 고민합니다. 어떻게 써야 상대가
느낄 수 있을까? 어떻게 표현해야 이 경험이 전달될까? 이
질문이 인간 글쓰기의 출발점입니다.

　AI에게는 이런 전제가 없습니다. 인간은 몸을 가지고
살고, 아프고, 늙고, 결국 죽습니다. 인간이 쓰는 글의 상당
부분은 이런 조건에서 나옵니다. 반면 AI는 그런 경험이
없습니다. 인간이 남겨놓은 수많은 문장을 학습해 그것을
조합하고 흉내 낼 뿐입니다. 말하자면 '척'하는 것입니다.

　그래서 AI가 고통을 느낀다거나 감정을 가진 듯한
표현을 할 때도 그것은 고통을 느끼는 인간의 표현을 도용한

것에 불과합니다. 일부 엔지니어들이 AI의 고통이나 감정을 언급하기도 하지만 그것은 인간의 느낌을 AI에 투사한 결과라고 이해하는 편이 더 정확합니다.

결국 인간이 쓴 글만이 가지는 힘은 자신의 경험과 생각에서 출발한 소통의 의지에 있습니다. 이 지점이 바로 AI의 글과 인간의 글을 가르는 가장 분명한 차별점입니다. 어디까지 해야 글이 완성되었다고 볼 수 있는지를 평가하는 '마감의 미감'이 작동하는 지점도 여기입니다.

그럼 LLM과 인간이 글 쓰는 과정은 어떻게 다를까요?

인간의 글쓰기는 문제에서 출발합니다. 인간에게는 어떤 질문, 고민, 불편함, 혹은 설명하고 싶은 대상이 먼저 있고 그로부터 글쓰기가 시작됩니다. 무엇을 말해야 하는지, 왜 말해야 하는지, 누구에게 말해야 하는지를 먼저 생각해요.

그래서 인간은 글을 쓰기 전에 오래 망설이고, 구조를 고민하고, 표현을 바꾸며 스스로를 점검합니다. 재미를 주고 싶은지, 설득하고 싶은지, 고통을 호소하고 싶은지와 같은 의도가 글의 출발점에 놓입니다. 그것은 다른 사람의 글을 읽게 되는 이유이기도 합니다.

반면 LLM의 경우는 '글을 쓴나'기보다 '문장을 생성한다'고 표현하는 편이 더 정확합니다. 주어진 입력을 바탕으로 통계적으로 그럴듯한 다음 문장을 이어 붙일 뿐입니다. 그 과정에는 문제의식도 없고 전달하려는 의도도 없습니다. 무엇을 표현해야겠다는 내적 동기나 작가적 고민이 존재하지 않습니다. 말이 되는 문장, 자연스러운 문장, 그럴듯한 문장을 만들어낼 뿐이지요.

이 차이는 글을 쓰기 전 단계에서 특히 분명해집니다. 인간은 글을 쓰기 전에 이미 많은 시간을 생각하는 데 씁니다. 이 글을 왜 써야 하는지, 어떤 방향으로 가야 하는지, 어디까지 말할 것인지를 고민합니다. 반면 LLM은 그런 사전 고민의 단계가 없습니다. 요청이 주어지는 순간 곧바로 문장 생성이 시작됩니다.

AI는 글쓰기의 보조 도구일 뿐

요즘 여러 블로그를 둘러보면 AI를 활용해 글의 틀을 짜거나 소재를 탐색하는 일이 흔해졌습니다. 틀 짜기나 소재 탐색 단계에서 AI를 활용하는 것 자체는 충분히 시도해볼 만하다고 생각합니다. 글쓰기를 한번도 해보지 않은 상태에서 막막함을 느낄 때 AI가 제시하는 구조나 아이디어는 분명 출발점으로서 도움이 되니까요. 실제로 처음 몇 번은 아무 도움 없이 시작하는 것보다 부담을 낮춰주는 효과가 있습니다.

중요한 건 그다음입니다. AI가 짜준 글의 틀을 보면서 우리는 자연스럽게 마음에 드는 부분과 마음에 들지 않는 부분을 가려내게 됩니다. 이 과정 자체가 이미 인간의 판단이 개입되는 지점입니다. 어떤 구조는 괜찮아 보이고, 어떤 전개는 어색하다고 느끼는 순간, 우리는 이미 글을 평가하고 선별하는 셈입니다.

그래서 몇 차례 AI의 도움을 받아보면, 이후에는 다소 서툴더라도 스스로 틀을 짤 수 있는 상태로 넘어갈 수 있습니다. 글쓰기가 점점 더 재미있어지고 남들에게 없던 무언가를 전달하고 싶다는 목표가 생긴다면 그때부터는 직접 쓰는 편이 훨씬 큰 효능감을 줍니다. AI는 기본적으로 이미 존재하는 패턴을 바탕으로 제안할 뿐이에요. 그래서 정리된 정보나 익숙한 형식의 글에는 유용하지만 정말 새로운 표현이나 독창적인 글쓰기에는 한계가 분명합니다.

예를 들어 시처럼 새로운 감각과 언어를 요구하는 작업은 결국 인간이 직접 해야 합니다. AI가 만들어내는 시는 대체로 의미 없는 문장들의 연결에 가깝고 독자가 억지로 의미를 부여해야 하는 경우가 많습니다. 꼭 시를 쓸 때만 그렇다는 게 아니에요. 남다른 무언가를 표현하려 한다면 AI에서 멀어지는 편이 낫다는 뜻입니다.

소재 탐색에 있어서 AI의 활용은 비교적 긍정적으로 볼 수 있습니다. 실제로 소설가가 낯선 지역이나 생태계를 배경으로 설정할 때 기본적인 정보와 후보군을 빠르게 훑는 용도로 AI를 활용하는 경우도 있어요. 이때 AI는 출발점 역할을 해주고 그 이후의 해석과 선택은 전적으로 인간의 몫이 됩니다. AI가 제공한 정보를 바탕으로 소설을 리얼리즘으로 전개할지, 상상 위주로 전개할지는 결국 창작자의 판단입니다.

다만 수고스럽게 소재를 탐색하는 일 자체가 학습과 발견의 과정인 경우도 많다는 점은 놓치지 말아야 합니다. 직접 검색을 하다 보면 예상치 못한 자료를 만나게 되고, 그 과정에서 얻는 우연한 발견과 배움의 즐거움이 있어요. 사람들이 잘 보지 않는, 검색 결과 뒤쪽에 나오는 사이트와 잘 드러나지 않는 자료들 속에서 새로운 아이디어가 나오는 경험은 AI가 대신해주기 어려워요. 특히 세밀한 맥락과 정확성이 중요한 분야에서는 직접 자료를 따라가며 읽는 과정 자체가 사고를 깊게 만듭니다.

AI와 차별화된 글을 쓰려면

AI의 범람 속에서 차별화된 글쓰기를 하려면 어떻게
연습해야 할까요? 좋은 결과물을 만드는 일도 중요하지만
그보다 더 중요한 것은 글을 쓰는 중간 과정입니다. 글쓰기는
생각을 훈련하는 작업이에요. 그렇기 때문에 이 과정은 결국
사람이 직접 감당해야 하는 영역입니다.

최근 연구를 보겠습니다.[2] AI는 외국어에 익숙하지 않은
사람이 외국어로 문장을 만드는 데 탁월한 도움을 줘요.
하지만 그 결과물이 특정한 문체, 즉 서구 중심의 편의적인
문체로 수렴하는 경향이 있다는 지적도 있습니다. 이런 점에서
글쓰기는 결국 사람에게서 배워야 한다는 생각을 하게 됩니다.

AI가 글쓰기에서 도와줄 수 있는 역할을 나누어보면
크게 세 가지로 정리할 수 있습니다. 첫째는 글의 짜임,
즉 개요를 스케치해주는 역할입니다. 글을 쓸 때 어떤
내용을 어떤 순서로 배치할지 초안을 잡아주는 단계입니다.
둘째는 자료 조사 과정에서 글감이나 소재를 소개해주는
역할입니다. 셋째는 실제로 문장을 써주는 단계입니다.

이 가운데 개요를 짜주는 역할은 처음 연습 단계에서는
참고할 수 있습니다. 다만 실제로 해보면 개요가 지나치게
판에 박혀 있다는 느낌을 받게 됩니다. AI는 평균을 따르는

---

2   Agarwal, Dhruv, et al. "AI Suggestions Homogenize Writing
     Toward Western Styles and Diminish Cultural Nuances". CHI
     '25: *Proceedings of the 2025 CHI Conference on Human Factors in
     Computing Systems* Article No.: 1117.

경향이 강하기 때문에 어떤 주제이건 일정하게 표준화된
구조 안에서 제안을 해요.

그 결과 기본적인 수준의 글을 쓰는 것은 가능할지
몰라도 눈에 띄는 글이나 개성이 드러나는 글이 되기에는
한계가 있습니다. 결국 중요한 것은 나만의 차별점과 특징을
어떻게 뽑아내고 구현할 것인가에 집중하는 일입니다.

문장을 직접 써주는 역할은 더 조심해야 합니다. AI
특유의 문체가 분명히 존재하고, 모델마다 차이는 있지만
대체로 AI가 쓴 글이라는 특징이 쉽게 드러납니다. 더 큰
문제는 한번 AI가 써준 문장을 조금 고쳐서 내 글로 만드는
일이 생각보다 잘 되지 않는다는 거예요. 그래서 다소
어색하고 힘들더라도 처음부터 직접 써보는 훈련을 하지
않으면 글쓰기 실력이 쌓이기 어렵습니다.

그 대신 도움이 되는 방법으로는 다른 사람이 쓴 글을
필사하며 음미하는 방식이 있어요. 필사할 때는 내용과
문장이 모두 괜찮은 글을 고르는 것이 중요합니다. 인간이 쓴
문장에는 분명한 개성과 살아 있는 문체가 느껴지고, 이는
AI의 문장과 확연히 다른 지점입니다.

또 하나 매우 중요한 훈련은 자신이 쓴 글을 다시
읽어보는 일입니다. 가능하다면 소리 내어 읽거나 녹음해서
다시 들어보는 것도 좋아요. 그러면 자신의 문장이 어떤
상태인지, 어디가 어색한지 훨씬 분명하게 드러납니다. 이

과정에서 배울 수 있는 것이 많아요. 글쓰기 훈련이 될 뿐
아니라 말하기 능력을 기르는 데도 도움이 됩니다.

자신만의 블로그를 운영하라

글쓰기는 분명 쉽지 않은 일이에요. 그렇다면 어떻게
글쓰기를 일상의 한 부분으로 끌어들여 나 자신을
성장시키는 동력으로 삼을 수 있을지를 고민하게 됩니다.

오늘날의 삶을 보면, 특히 젊은 세대일수록
인스타그램을 중심으로 자신을 드러내는 문화가 강하지요.
어느새 우리의 일상은 인증 사진을 중심으로 구성되어
있다고 해도 과언이 아닙니다. 맛있어서 가는 식당이 아니라
사진이 잘 나와서 선택하는 식당이 늘어난 것도 같은
맥락일 것입니다. 조금 연령대가 올라가면 X(구 트위터)나
페이스북이 그 역할을 대신합니다.

여기서 제가 제안하고 싶은 변화는 사진 대신 글로
자신을 표현하는 공간을 하나 만들어보자는 것입니다. 바로
블로그입니다. 이는 단순히 글을 쓰라는 권유가 아니라
글쓰기를 삶의 일부로 만들어보자는 이야기입니다.

블로그의 형식은 자유롭습니다. 페이스북을 블로그처럼

활용해도 되고 브런치 같은 플랫폼을 사용해도 괜찮습니다. 저는 개인적으로 워드프레스를 활용해 개인 웹사이트를 운영하며 페이스북과 병행하고 있어요.

기존 플랫폼을 전적으로 신뢰하지 않는 이유는 서비스가 종료되면 그동안 쌓아온 글이 한순간에 사라질 수 있기 때문입니다. 과거에 운영되던 블로그 서비스들이 문을 닫으며 기록이 통째로 사라졌던 경험을 떠올리면 이해가 될 겁니다. 개인 홈페이지는 유지 비용만 감당하면 기록이 비교적 안정적으로 남는다는 장점이 있어요. 이 공간에서는 사진보다는 글로 승부하게 되지요.

블로그를 운영할 때 중요한 점은 주제를 정하는 일입니다. 자신의 전문성을 발휘할 수 있는 영역을 한 가지가 아니라 두세 가지 정하는 것이 좋아요. 하나의 주제만 붙들고 가면 소재가 빠르게 고갈되기 쉽습니다. 직업과 직접 관련된 분야가 가장 좋지만 관심과 경험이 있는 영역을 몇 개 묶어 번갈아 다루면 훨씬 오래, 안정적으로 글을 이어갈 수 있습니다. 읽은 책에 대한 서평을 올리는 것도 한 방법입니다. 일주일에 두세 편 정도를 꾸준히 올릴 수 있다면, 그 자체로 큰 힘이 됩니다.

이렇게 글쓰기가 일상이 되면 살아가며 경험하는 거의 모든 것이 잠재적인 글감으로 보이기 시작해요. 대화 중에 떠오른 생각, 우연히 접한 장면 하나에도 '이건 글로 써볼 수 있겠다'는 생각이 들지요.

　　그래서 메모와 스크랩이 중요합니다. 저는 텔레그램의 '저장된 메시지'를 활용해 흥미로운 생각이나 자료를 그때그때 모아둡니다. 발견의 순간에는 깊이 다듬으려 하지 말고 일단 모아두는 것이 핵심이에요. 이후 시간이 날 때 다시 꺼내 읽고, 정리하고, 다듬는 과정에서 글로 발전시킬 수 있습니다. 중요한 점은 포스팅 공간과 저장 공간을 분리하는 것입니다. 블로그 안에 스크랩을 그대로 쌓아두면 혼란스러워지기 쉽거든요.

　　이 과정을 반복하다 보면 집중하는 기회가 늘어나는 것을 느끼게 됩니다. 삶을 조금 더 주의 깊게 살피게 되고 무언가에 몰두하는 경험이 늘어납니다. 여기에 자신의 관점이나 주목할 포인트를 덧붙이려는 시도를 계속하다 보면 자연스럽게 개성이 생깁니다.

　　이는 취향을 훈련하는 과정이기도 합니다. 시간이 지나면 가치 있는 것을 알아보는 안목도 함께 자라납니다. 글을 쓰기 전 스스로 평가하고 비판적으로 점검하는 습관이 생기고, 여기에 타인의 피드백까지 더해지면 성장 속도는 더욱 빨라지지요. 실제로 평범한 직장인이지만 꾸준한 블로그 운영을 통해 스스로를 단단히 키워간 사례가 매우 많습니다. 이들이 공통적으로 얻는 것은 결국 자기 성장입니다.

　　저는 글쓰기가 건축과 비슷하다고 생각합니다. 집을

짓기 위해서는 재료가 필요하고, 벽과 지붕, 창과 문,
계단 같은 요소들이 조립되어 하나의 건물을 이룹니다.
글도 마찬가지입니다. 메모와 스크랩은 레고 블록과 같은
재료입니다. 재료가 충분해야 조립이 가능해요.

　　글은 한 문장으로부터 시작됩니다. 문장들이 모이면
문단이 되고 문단이 이어지면 하나의 글이 됩니다. 몇 개의
문단만으로도 칼럼 한 편이 완성되죠. 문단 하나는 보통
300~400자 정도면 충분합니다. 대부분의 글쓰기는 이
정도 분량의 생각 덩어리를 잘 만드는 데서 출발해요. 작은
조각들을 만들어두고 이후 흐름에 맞게 이어 붙이는 방식은
패치워크와도 닮아 있습니다.

　　장과 절, 전체 구조 같은 큰 설계는 재료가 충분히 쌓인
뒤에야 가능합니다. 처음부터 완성된 설계도가 나오는
경우는 거의 없어요. 세부가 쌓이면서 구조는 계속 바뀝니다.
유명한 작가들조차 완성된 책보다 훨씬 많은 분량의 메모와
노트를 남긴 이유가 바로 여기에 있습니다.

언어력 기르기 3단계: 협업력

인간 촉매가 중요해진다

챗GPT가 등장한 후 AI를 고민 상담 상대로 쓴다는 보고가 잇따르고 있습니다. 이는 특히 사람과 대화하는 일이 부담스러운 청소년과 청년 층에서 두드러지는 현상이라고 합니다. 이런 상황에서 AI는 대화의 부담을 전폭적으로 줄여주는 좋은 도피처로 보입니다. AI는 무조건 내 편을 들어주니 다툼이나 갈등을 겪지 않아도 되니까요.

사람과의 관계 맺음은 전혀 다릅니다. 연애 관계의 이른바 '밀당'을 볼까요? 왜 밀고 당기는 걸까요? 어느 한편으로 치우치지 않고 적절하게 관계를 조율하고 싶기 때문일 겁니다. 한편으로 갈등의 시간이지만 또한 성숙의 시간이기도 합니다. AI와는 이런 일이 일어나지 않지요. 이 차이가 문제입니다.

철학자 스피노자는 "인간에게 가장 도움이 되는 것은 다른 인간"이라고 말했습니다. 도구가 아무리 뛰어나더라도, 도구가 아무리 위안을 준다 해도 인간끼리 함께 할 수 있는 일은 따로 있다는 것이지요. 사람과의 대화는 단지 의례적인 행위가 아니라 조직에서 핵심적인 활동입니다.

인간과의 교류에서만 비롯되는 시너지가 있고 그것이 협업의 원천입니다.

언어력과 소통력은 협업력으로 이어집니다. 협업은 팀이 제 역할을 하기 위한 전제 조건입니다. 구성원의 역량을 단순히 더한 것보다 훨씬 큰 팀의 시너지를 촉진하는 역할이지요. 그것은 인간 촉매 역할이기도 합니다.

과거에도 그랬지만 앞으로는 모든 조직에서 인간 촉매 역할이 더욱 중요해질 겁니다. 촉매란 화학 반응에서 자신은 그대로 있으면서 다른 물질들의 화학 반응이 더 쉽게 일어나게 도와주는 물질입니다. 우리 몸에 있는 생물학적 촉매는 '효소'라고 해요. 침 속에 있는 효소인 아밀레이스는 녹말을 당으로 분해하는 일을 도와줘요. 초등학교 과학 시간에 들어봤을 거예요.

조직에서도 인간 촉매 역할을 하는 사람이 있습니다. 이 사람이 없었다면 일어나지 않았을 협업을 촉진하는 거예요. 인간 촉매는 사람들 간의 관계를 부드럽고 원만하게 만들어줍니다. 분위기를 유머러스하게 만들어 긴장을 풀어준다든지, 곤궁에 처한 상황에서 이런저런 엉뚱한 아이디어를 제시해 돌파구를 만든다든지, 개개인의 어려운 처지를 들으며 회복을 돕는 것 같은 이런 일을 유달리 잘하는 사람이 있지요.

인간 촉매는 일 자체에서 직접 성과를 내기도 하지만 더 중요하게는 인간 관계에 도움을 줌으로써 성과를 촉진한다는 장기를 발휘합니다. 이런 일을 하는 사람을 흔히 리더라고 하지요. 하지만 저는 조직에서 어떤 지위나 역할을 담당하고 있든 간에 리더 노릇이 가능하다고 봅니다. 이런 측면을 강조하기 위해 인간 촉매라는 말을 떠올려본 것이고요.

협업력은 독해력, 이해력과 소통력 없이 길러질 수 없습니다. 독해력이 지식과 정보를 '나'의 것으로 만드는 데 중요하다면 소통력은 그것을 '우리'의 것으로 만들어줍니다. 하지만 조직 내에서 독해력과 소통력은 어디까지나 잠재력에 가깝습니다. 그것을 현실적으로 발현시켜주는 것이 협업력입니다.

구성원들이 자연스럽게 자발적으로 협업할 수 있다면 제일 좋겠지만 현실은 그렇지 않습니다. 그래서 필요한 것이 협업력입니다. 누군가가 알게 모르게 조직을 이끌면서 협업을 활성화하는 것이지요. 더 많은 구성원이 인간 촉매가 된다면 아주 좋겠지요. 그렇지 않더라도 적어도 한 사람이라도 촉매 역할을 한다면 조직은 눈에 띄게 강해질 것입니다.

주머니 안에 숨어 있는 송곳은 없습니다. 뛰어난 능력은 결국 드러나게 마련이지요. 인간 촉매는 조직에서 반드시 좋은 평가를 받게 될 것입니다.

리더 연습을 하자

협업력을 키우기 위해 무엇을 해야 할까요? 저는 리더 역할을 직접 한번 해보는 경험이 꼭 필요하다고 말하고 싶습니다. 협업의 중요성은 많이 이야기되지만 실제로 어떻게 훈련해야 하는지는 잘 다뤄지지 않는 경우가 많기 때문입니다.

현대 사회에서 혼자 완결할 수 있는 일은 거의 없습니다. 소설가나 연구자처럼 겉보기에는 개인 작업을 하는 듯한 이들조차 실제로는 수많은 타인의 작업과 지식 위에서 일합니다. 문헌을 통한 간접 협업이든, 사람과 직접 마주하며 진행하는 협업이든 오늘날의 대부분의 일은 함께하는 과정 속에서 완성되지요. 그렇기 때문에 타인과 함께 일하는 능력, 즉 협업력은 성공을 좌우하는 핵심 역량이 됩니다.

다만 단순히 소통을 잘하는 것과 일을 이끌어가는 것은 전혀 다른 문제입니다. 협업은 자연스럽게 익혀지는 능력이 아니라 직접 해봐야만 배울 수 있는 훈련의 영역에 가까워요.

특히 중요한 점은 누구나 어느 순간에는 리더의 역할을 맡게 된다는 사실입니다. 직급이나 연차와 무관하게, 동등한 팀원 사이에서도 특정 국면에서는 누군가가 방향을 잡고 책임을 져야 하는 순간이 옵니다. 그런 마음가짐으로 리더 역할을 연습해보는 것이 중요합니다.

저 역시 처음부터 남 앞에 나서는 성격은 아니었습니다. 말하는 것 자체를 부담스러워했고 주목받는 상황을 피하고 싶었어요. 그러나 학교와 사회에서 크고 작은 기회를 통해 어쩔 수 없이 맡게 된 역할들을 하나씩 경험하면서 조금씩 변하게 되었습니다. 힘들지만 시도해보고 실패도 겪어 보면서 결국은 강의까지 하게 된 것입니다.

그래서 저는 리더 노릇도 해봐야만 배울 수 있다고 생각합니다. 특히 효과적인 방법은 작은 규모의 프로젝트에서 리더 역할을 맡아보는 거예요. 교수들이 팀 과제를 내는 이유도 여기에 있습니다. 팀 과제의 목적은 누군가가 혼자 모든 일을 떠맡도록 하는 데 있지 않습니다. 함께 일해보는 경험, 협업의 구조와 과정을 몸으로 익히는 데 있지요.

물론 현실에서는 한 사람이 '독박'을 쓰는 경우도 많습니다. 학점이라는 기준으로 보면 불합리해 보일 수 있지만 훈련의 관점에서 보면 그 사람은 많은 것을 배우고 있는 셈이기도 합니다. 다만 팀을 함께 이끌어가는 데 있어서는 실패한 경험일 수 있겠지요. 하지만 그 역시 중요한 학습이에요.

현실적으로 모든 팀원이 협력적인 태도를 보이지는 않습니다. 그러나 자발적으로 모인 팀, 예를 들어 독서 모임이나 프로젝트 모임 같은 경우에는 충분히 협업 훈련의

장이 될 수 있습니다. 이런 모임에서 리더 역할을 돌아가며 맡아보는 것이 좋은 예입니다. 이번에는 내가 진행하고 다음에는 다른 사람이 맡는 식으로 역할을 교대하면 자연스럽게 리더의 시선과 팀원의 시선을 모두 경험할 수 있지요. 그 과정에서 다른 사람이 팀을 어떻게 이끄는지 관찰하게 되고 그 방식을 배우게 됩니다.

협업력은 눈치 보지 않고 한 발짝 나서는 경험에서 자랍니다. 나서지 않으면 배울 기회 자체가 생기지 않습니다. 이미 대학을 졸업했더라도 늦지 않았어요. 조금 어색하고 부담스럽더라도 작은 리더 역할을 반복해서 맡아보는 경험이 장기적으로는 가장 크게 남는 자산이 됩니다. 너무 눈치 볼 필요 없어요. 과감하게 해봐야 늘어요.

취향은 새로운 지능이다

취향 지능의 시대가 왔다

AI를 포함한 디지털 기술이 시대를 빠르게 삼키고 있습니다. 낙관론과 비관론도 끊임없이 교차하고 있고요. 하루가 다르게 환경이 바뀌어 미래를 예측하기조차 어려운 시기입니다. 이처럼 한 치 앞을 가늠하기 힘든 시대에 다소 어울리지 않아 보일 수도 있지만, 저는 '취향'이 더욱 중요해지고 있다는 이야기를 하고 싶어요. 이와 더불어 취향을 어떻게 훈련할 수 있는지도 이야기해보려고 합니다.

지금까지 언어력의 세 측면 혹은 세 단계로 독해력, 소통력, 협업력을 살펴봤습니다. 아울러 각각의 능력을 기르는 실천 방법까지도 알아보았지요. 이제 AI, 즉 '인공' 지능 시대를 헤쳐가게 해줄 새로운 지능으로 '취향' 지능을 소개합니다.

AI가 모든 것을 쉽고 빠르게 생산하는 시대에 어떤 매력을 지닌 것을 생산할 것인지 핀정하는 능력이 취향입니다. 과거에 취향이 사사로운 범위에서 작동했다면 이제 취향은 모든 것을 관통하는 지능의 차원으로 승격됐습니다. 그런 의미에서 AI 시대에 맞설 대안으로 취향

지능을 추천합니다. 취향 지능은 언어력의 '끝판왕', 궁극의
경지일 것입니다.

오늘날 우리는 자신이 삶의 주인이기를 희망하지만
현실은 알고리즘에 지배되고 있음을 확인하면서 실망하곤
합니다. 그래서 한편으로 알고리즘을 누리면서도 종종
알고리즘 추천을 원망의 대상으로 지목하지요. 일반인뿐
아니라 전문가도 종종 그렇게 진단합니다. 하지만 단언컨대
알고리즘은 죄가 없어요!

요즘 콘텐츠 소비의 중심은 유튜브, 인스타그램,
페이스북, 틱톡, X 등의 소셜미디어 플랫폼이지요.
소셜미디어의 가장 중요한 특징은 신문, 잡지, TV, 라디오,
영화 같은 과거 매스미디어와 달리 생산자와 소비자가
연결되는 방식이 일대다가 아닌 다대다라는 점에 있습니다.

20세기를 풍미했던 매스미디어는 발신자가 하나이고
수신자가 다수라는 점이 특징입니다. 반면 20세기 말에
등장한 인터넷은 쌍방향성이 특징입니다. 결국 스마트폰
같은 개인 스마트 장비가 등장하며 소셜미디어 형태로
수렴했습니다. 소셜미디어에는 다수의 발신자와 다수의
수신자가 엮여 있고, 누구라도 콘텐츠 생산자이자 소비자가
될 수 있다는 것이 핵심입니다. 그래서 소셜미디어는 지금
시대에 새로운 대표성을 갖게 되었습니다.

소셜미디어 플랫폼에서는 콘텐츠의 생산-유통-소비가

교류합니다. 생산자는 더 많이 팔려 하고 소비자는 더 마음에 드는 것을 보려 하는 거지요. 이때 생산자와 소비자의 욕망을 매개하는 것이 바로 추천 알고리즘입니다. 넘쳐나는 콘텐츠의 홍수 속에서 소비자가 좋아할 만한 것을 추천하는 일은 생산자에게도, 소비자에게도 나쁠 게 없습니다.

간혹 알고리즘 추천 때문에 나쁜 콘텐츠의 개미지옥에 빠져들게 된다는 이유로 알고리즘을 비판하는 이들이 있습니다. 그렇지만 알고리즘의 투명성과 공개는 조심스러워야 합니다. 추천 알고리즘은 기업의 핵심 노하우이며, 만일 이것이 공개되면 자신의 콘텐츠를 더 많이 노출하려는 생산자의 오남용이 불가피할 거예요. 상황이 더 악화될 수 있는 거지요. 개인정보 보호, 공정성 강화, 아동 청소년 보호, 유해성 제거 같은 노력은 필요하겠지만 추천 알고리즘이 문제라는 지적은 사태를 너무 좁게 보는 것입니다.

잘 생각해보면 실제로 우리는 적절한 추천을 언제나 환영하고 필요로 합니다. 미술관, 박물관, 음악회는 모두 추천, 즉 큐레이션에 의해 작동해요. 우리는 무차별적으로 제공되는 콘텐츠를 원지 않습니디. 대부분 스스로 애써 평가할 능력도 시간도 없고요. 우리는 전문가의 안목으로 잘 고른 콘텐츠를 원합니다. 타인에게 취향을 강요한다면 그건 폭력이지만 우리는 누군가가 우리의 취향에 맞는 콘텐츠를 골라주기를 원합니다. 삶과 시간의 가성비 때문이지요.

인간 전문가 대신 알고리즘도 추천을 해줄 수 있습니다. 그걸 금지할 수도 없고, 때로는 그게 내 취향에 더 잘 맞아떨어집니다. 유튜브와 넷플릭스는 소수 취향 혹은 개인 취향까지도 분석해서 추천하는 덕분에 놀라운 호응을 얻었지요.

이는 아마존이 도서 추천을 통해 초기의 성과를 올린 것과 같은 이치입니다. 소수의 취향을 가려내고 알려주기 위해 애쓰는 인간 큐레이터는 존재하기 어렵습니다. 그런 일은 오히려 AI 알고리즘이 더 잘해내고는 합니다. 2강에서 판별 유형 AI가 그런 일을 잘한다고 말했었죠?

여기서 남는 문제는 자기만의 취향이 있느냐 여부입니다. 자기 취향이 없다면 알고리즘에 일방적으로 끌려다니는 셈이고 그건 노예에 가까운 삶입니다. 알고리즘은 근본적으로 개인보다 기업을 위합니다. 여기에 휘둘리면 나는 그저 '소비 노예'로 전락하고 말 것입니다.

취향은 훈련을 통해 지니게 되는 능력이며, 무한 정보 시대의 새로운 지능입니다. 취향 지능이 있다면 나의 안목으로 알고리즘의 추천을 걸러낼 수 있습니다. 즉 선택의 주체가 나 자신이 되는 것이지요. 나 자신을 위하는 길은 바로 나만의 취향으로 무장하는 것입니다.

취향의 훈련은 주로 인문학과 예술을 통해

이루어집니다. 사실 그것들은 인류가 발견하고 발명한 뾰족한 취향의 흔적이지요. 이에 관해서는 뒤에서 조금 더 살펴보겠습니다.

취향 지능의 시대가 왔습니다. 나를 압박하는 추천과 광고에서 자유롭기는 어렵지만, 나의 취향과 안목은 나를 자유롭게 해줄 원천입니다. 나는 취향을 깃들이고 내 취향은 나를 만듭니다. 나는 습관을 들일 수 있고 습관은 내 삶을 선택합니다. 그 누구도, 그 무엇도, 일방적으로 나를 지배할 수는 없습니다.

취향이 실리콘밸리를 삼키고 있다

오늘날 기술은 거의 모든 영역을 주도하고 있습니다. 기술만 잘 다룰 수 있으면 큰돈을 벌 수 있다는 믿음이 전 세계를 휩쓸고 있는 상황이에요. 기술로 무엇이든 할 수 있다는 인식이 강해졌습니다.

그러나 기술이 전부가 될 수는 없습니디. 기술은 어디까지나 출발점에 불과합니다. 마침 2024년 9월 20일, 아누 아틀루루Anu Atluru가 운영하는 'Working Theorys(작업 가설)'라는 블로그에 흥미로운 제목의 칼럼이 실렸습니다.

'취향이 실리콘밸리를 삼키고 있다Taste Is Eating Silicon Valley.'

평소에도 취향의 중요성을 강조해오던 터라 이 글이 어떤 내용을 담고 있을지 자연스럽게 호기심이 생겼습니다.

이 글의 핵심은 '미학적 생태계'를 어떻게 구축하느냐입니다. 그렇다면 왜 이런 주장이 등장했을까요? 역사적 맥락을 이해할 필요가 있습니다.

2000년대 초반, 닷컴 버블이 붕괴된 이후 세상을 좌우하는 가장 중요한 요소는 디지털 기술이었습니다. 기술력만 갖추고 있으면 거의 모든 시장을 장악할 수 있던 시기였지요. 실제로 유통은 아마존이, 전자상거래는 이베이가, 광고 시장은 구글이 독점하다시피 하며 전통적인 오프라인 산업을 빠르게 대체했습니다.

이처럼 세상을 근본적으로 바꿀 수 있었기에 소프트웨어를 잘 만들 수 있는 기술력이 곧 성공의 조건이 되었습니다. 이러한 분위기는 20년이 넘도록 지속되었고 최근에는 그 중심에 AI 기술력이 자리 잡고 있다고 이야기되고 있습니다.

그럼 지금은 어떨까요? 앞의 칼럼에 따르면 환경은 분명히 달라지고 있습니다. 기술이 충분히 발전하면서 이제는 누구나 기술을 사용할 수 있는 시대가 되었기 때문입니다.

기술 발전과 더불어 비용과 복잡성이 크게 낮아졌어요.

코딩 기술의 민주화가 이루어지면서 소프트웨어는 더 이상 일부 전문가의 전유물이 아니게 되었습니다. 특히 이제는 AI가 소프트웨어 개발 과정에 실질적인 도움을 줄 수 있는 단계에 이르렀다는 점이 중요한 변화입니다. '바이브 코딩vibe coding'이라고 해서 프롬프트를 입력하면 AI가 프로그램을 짜는 상황까지 왔지요. 이로 인해 소프트웨어 기업들의 주가가 폭락하는 일도 발생했고요.

이러한 변화로 인해 기술력만으로 승부를 보기는 점점 어려워지고 있습니다. 전반적인 기술 수준이 상향 평준화되면서 서로의 실력이 비슷해졌어요. 독보적인 기술 우위를 찾기 어려운 상황이 되었습니다. 경쟁은 치열해졌지만 어떤 기술을 특정 회사만 유일하게 가지고 있다고 말하기는 쉽지 않습니다. 성능 역시 큰 차이를 보이지 않는 경우가 많아졌습니다. 이렇게 해서 이제 기술만으로는 충분하지 않다는 인식이 자연스럽게 확산된 겁니다.

그렇다면 무엇으로 경쟁해야 할까요? 바로 이 지점에서 실리콘밸리에서도 '취향'이 세상을 집어삼키고 있다는 이야기가 나오기 시작했습니다. 앞의 칼럼은 이렇게 말합니다.

"취향이 소프트웨어를, 그리고 세상을 함께 집어삼키고 있다."

사실 기술은 오래전부터 문화와 깊이 얽혀 있었습니다.

다만 과거에는 기술의 격차가 워낙 컸기 때문에 그 사실이
잘 드러나지 않았을 뿐입니다. 이제 기술력이 비슷해지면서
그 위에 얹혀 있는 문화적 요소들이 선명하게 보이기 시작한
것이지요.

미학적 생태계가 중요해진 세상

앞의 칼럼이 강조하는 핵심 개념은 '미학적 생태계'입니다.
여기에는 가치관, 디자인, 브랜드, 사용자 경험, 스토리텔링,
역사, 커뮤니티, 라이프스타일, 문화적 적합성, 느낌,
감정적 경험, 정체성, 그리고 주목attention과 같은 요소들이
포함됩니다. 이 모든 요소는 결국 '매력'으로 집약됩니다.

　　이 모든 요소는 서로 어우러져 하나의 미학적 생태계를
이루게 되는데, 이는 기술의 문제를 넘어섭니다. 그래서
'기술적' 생태계가 아닌 '미학적' 생태계인 것입니다. 바로 이
점이 중요합니다. 미래는 기술보다 취향이 지배하게 된다는
전망이지요. 기술력으로 차별화하기 어려워질수록 차별화의
중심은 취향으로 이동할 수밖에 없으니까요.

　　칼럼에서 직접 언급된 내용은 아니지만 최근의
사례들을 살펴보면 이 흐름은 더욱 분명해집니다. 예를 들어

패션 기업 파타고니아는 환경 문제에 대한 일관된 메시지와 실천을 통해 강력한 브랜드 팬덤을 형성했습니다. '우리 옷을 사지 말라'고 말하는데도 소비자들이 오히려 자발적으로 제품을 구매할 정도입니다.

반면 트럼프 정부 2기가 출범하면서 테슬라의 최고경영자 일론 머스크가 정부효율부DOGE의 수장으로 임명되자 테슬라의 판매량이 급감하는 현상이 나타났습니다. 이는 기술 문제가 아닙니다. 특정 정치적 이미지와 엮이면서 형성된 감정적 반응의 결과라고 볼 수 있어요.

기업의 창업자나 최고경영자와 같은 핵심 인물이 지닌 내러티브와 스토리가 기업의 명운을 좌우하는 일은 사실 새로운 현상도 아닙니다. 애플은 오래 전부터 이 영역을 매우 잘 활용해온 기업이라고 할 수 있지요.

또한 2025년 APEC 기간에는 엔비디아의 최고경영자 젠슨 황이 이재용 회장, 정의선 회장과 함께 깐부치킨에서 회동한 장면이 화제가 되었지요. 이 역시 기술력 문제로 접근한 게 아니라 하나의 스토리텔링이자 미학적 장치로 볼 수 있습니다.

이런 사례들은 기술이 유일하고 독보적인 존재가 아닐 때 소비자의 마음을 사로잡는 건 취향과 매력이라는 점을 잘 드러냅니다. 이러한 흐름 속에서 앞의 칼럼은 자본이 이제 '취향을 입은 실용성', '아름답게 조각된 기능', '예술로 포장된 기술'로 이동하고 있다고 말합니다. 기술은 여전히 중요하지만 그 기술이 어떤 취향과 미학, 어떤 세계관을 입고 있는지가 더 중요한 시대가 되었다는 뜻입니다.

중요한 것을 골라내는 내적 일관성

이어서 스테파니 타일러Stefanie Tyler의 칼럼을 살펴볼 필요가 있습니다. 그 제목은 '취향은 새로운 지능이다Taste is the new intelligence'인데요. 이 칼럼은 앞의 칼럼보다 한 걸음 더 나갑니다. 기술뿐 아니라 현대 사회에서 가장 중요한 게 취향이라는 주장이지요. 왜 그럴까요?

AI가 무엇이든 만들어낼 수 있는 시대에 '이걸 과연 만들 수 있을까?'라는 질문은 의미가 없다는 거예요. '어떻게' 만들 것인지는 AI가 해결해준다는 거지요. 대신 '과연 만들 가치가 있을까?'를 물어야 한다는 겁니다. 즉 뭔가를 만들고자 한다면 만들 수 있기 때문에 '무엇'을 '왜' 만들어야 하는지가 중요해졌다는 거예요. 자기 스스로 가치를 알아볼 수 있어야 한다는 뜻입니다. 가치를 평가하는 안목이 없다면 통하지 않는 겁니다.

'어떻게'보다 '무엇'과 '왜'가 중요해진 시대로의 전환은 인류사에서도 중요한 터닝포인트입니다. 지금까지는 '무엇'을 '왜' 하고 싶은지가 명확하다 해도 그것을 '어떻게' 구현할지 수단을 찾기 어려웠어요. 수단의 부재가 우리의 발목을 잡았던 것이지요. 그런데 이제 AI가 이 문제를 상당 부분 해결할 수 있게 해줘요. 이제 '무엇'을 '왜' 하고 싶은지만 분명해지면 실현할 기술적 수단이 마련된 셈입니다. 기술이 문제가 아니라 취향이 문제인 것이지요.

그렇다면 오늘날 가치 있는 건 무엇일까요? 타일러는 '주목받을 수 있는 것'이라고 답합니다. 콘텐츠가 넘쳐날 때 특히 '이것'이라고 내보일 수 있는 무언가 말이에요. 그러니까 사람들의 마음에 '꽂힐' 수 있는 무엇을 찾아내거나 만드는 게 필요하다는 겁니다. 콘텐츠가 넘쳐나는 시대에 주목받을 수 있는 가치와 매력이 취향을 통해 표출되는 것이지요.

이와 관련된 가장 중요한 능력은 앞에서 언급했던 큐레이션입니다. 미술 전시회나 음악회 같은 것을 할 때 어떤 작가와 작품을 어떤 주제와 순서로 꾸며서 관객에게 보여줄 것인가를 짜는 사람이 큐레이터입니다. 그리고 그 작업이 큐레이션입니다.

큐레이션에는 영화나 드라마, 혹은 유튜브 콘텐츠의 콘티를 짜고 연출하는 작업과 동일한 능력이 필요해요. 이건 굉장히 귀한 능력이에요. 1강에서 콘티의 중요성에 대해 언급했던 것을 기억하나요? 타일러는 큐레이션이야말로

새로운 IQ라고까지 말합니다. 이 능력이 있으면 무슨 일이든
할 수 있고, 없으면 꽝이 되고 말지요.

큐레이션을 좌우하는 건 결국 취향입니다. 하지만
취향과 관련해서 많은 오해가 있어요. 최신 유행을 민감하게
따라가는 건 취향이 아니에요. 그건 편승이지요. 좋아 보이는
걸 미적으로 모방하는 것도 취향이 아니에요. 그건 흉내 내는
것일 뿐이지요. 지위를 과시하기 위해 비싸게 지불한 물건을
갖추는 일, 즉 명품을 두르는 것 따위도 취향이 아닙니다.
이런 것들은 모두 피상적 감각에 불과해요. 주체적 태도가
아니라 추종적 자세일 뿐이에요.

그러면 취향이란 무엇일까요? 중요하지 않은
것들에 휩쓸리지 않으면서 중요한 것을 고르는 '내적
일관성coherence'입니다. 일관성이란 비슷한 눈높이에서
좋은 것을 계속 골라낼 수 있는 안목이에요. 또한 바깥에
휘둘리지 않고 자기 안에서 비롯하는 것이기에 내적이라는
표현을 썼어요. 요컨대 취향은 노이즈 속에서 특별한 신호를
식별해내는 능력입니다.

취향은 훈련으로 기를 수 있다

더 중요한 점이 있습니다. 취향은 타고나는 것이라기보다는
훈련을 통해 길러낼 수 있는 능력이라는 것입니다. 타일러는
세 가지를 언급합니다. 첫째는 의도적인 소비예요. 유행을
좇아서 소비하는 게 아니라 내가 고르고 골라서 마음에 드는
것만 소비하겠다는 뜻이지요. 둘째는 인내예요. 인내는 내
마음에 드는 게 발견될 때까지 버티는 일입니다. 아무거나
선택하지 않겠다는 거예요. 셋째는 자각이에요. 나 자신을
돌아볼 줄 아는 능력이지요. 자각이 안 되면 우화에 나오는
까마귀처럼 돼요. 예쁜 깃털들을 주워 모아 자신에게
꽂고 이게 나라고 주장하는 것이지요. 그러나 그건 참된
아름다움이 아니에요. 우화에서도 원래 주인들이 깃털을
회수해 가니까 볼품없는 맨몸만 남잖아요.

제 오랜 경험과 숙고에 따르면 취향의 훈련은 인문학과
예술을 통해서 가장 잘 이루어집니다. 인문학과 예술에는
인간의 대표적인 유형들이 담겨 있어요. 사람들이 오랜 기간
고민하고 탐구한 내용들이지요. 우리는 인문학과 예술을
만남으로써 동서고금의 고민과 탐구를 되새기고 되풀이할 수
있고, 이를 통해 자신만의 취향을 다듬어갈 수 있어요.

자기만의 심지心志라고 할까요, 마음의 기둥 같은 것을
갖추어야 합니다. 그건 어떤 것이 옳다는 도덕적 평가뿐

아니라 자기만의 아름다움과 멋짐을 보는 미적 평가의
잣대입니다. 그런 것들이 자기만의 취향을 형성하며 그런
취향이 남들에게도 통하게 되는 거예요. 좋은 취향은 주변
사람들의 눈길을 끌게 마련이지요. 취향은 훈련해야만
획득할 수 있고, 훈련하면 반드시 길러지는 자질입니다.

그렇다면 인문학과 예술이 취향을 훈련하는 데 있어
탁월한 지위를 갖는 건 왜일까요? 인문학과 예술이 인간의
몸이 매개가 되어 벌어지는 일들이기 때문이에요. 인간은
서로 비슷한 몸을 가지고 살고, 아프고, 늙고, 결국 죽지요.
그런 일을 겪으면서 인간은 고민하고, 의심하고, 질문하는
오랜 과정을 지낸 후에 나름대로 결과물을 내놓습니다.
그것이 인문학과 예술이에요.

예술을 예로 설명해볼게요. 예술은 감각을 전제하고
감각은 몸을 전제해요. 작가는 남들은 아직 보지 못했지만
자신이 처음 본 것을 가시화합니다. 남들이 아직 듣지
못했지만 자신이 처음 들은 것을 들려주고요. 이처럼
작가는 아직 인간 사이에 알려지지 않은 감각을 발견하고
창조합니다. 화가 파울 클레Paul Klee의 말을 빌리면 작가는
'보이는 것을 다시 제시하는 자'가 아니라 '보이지 않는 것을
보이게 만드는 자'입니다. 이때 보이지 않는 것이란 '남들이
아직 보지 못한 것'이라는 뜻이에요. 있는 걸 다시 보여주면
그건 판에 박힌 작업이라서 흥미를 끌지 못하니까요.

작품은 작가의 몸과 감상자의 몸을 매개합니다. 작가가 만든 작품을 감상자가 느낀다는 사실이 놀랍지 않나요? 같은 작품을 보고 서로 다른 문화권의 사람이 비슷한 느낌을 받을 수 있다는 점도 놀랍지요. 이 과정을 어떻게 설명할 수 있을까요? 제 생각에, 인간은 비슷한 몸을 갖고 있어서 체험을 공유합니다. 이 현상을 심리학적 함축이 큰 '공감sympathy'보다는 물리-생물학적 함축이 큰 '공진共振, resonance'이라는 말로 표현하고 싶어요.

어렸을 때 소리굽쇠 실험을 해본 적이 있나요? 공진은 그것과 관련돼요. 짧게 설명하자면 공진은 물리학 용어로, 고유진동수가 같은 물체 간의 교섭을 가리켜요. 소리굽쇠를 고무망치로 치면 곁에 있는 고유진동수가 같은 소리굽쇠가 울리는데, 고유진동수가 다른 소리굽쇠는 전혀 반응하지 않아요. 저는 인간의 몸 하나하나는 고유진동수가 같아서 서로 공진한다고 봐요. 인간은 공진을 통해 서로 느낌을 공유하고 서로를 이해하는 거지요. 이 과정에서 취향이 훈련될 수 있습니다.

AI가 생성한 작품에서는 이런 훈련이 일어나기 어려워요. 텍스트 프롬프트로 그림을 생성한다고 해봅시다. 여기에는 근본적인 한계가 있어요. '슬픈 얼굴'의 예를 보겠습니다. 수많은 슬픈 얼굴의 이미지를 학습한 AI는 요청에 따라 슬픈 얼굴을 생성하겠지요. 이렇게 생성된 슬픈 얼굴은 얼마나 슬프게 느껴질까요? 오히려 정형화된 슬픔밖에 표현하지 못하는 건 아닐까요? 그저 슬픔의 평균치에 근접하지 않을까요? 이제까지 표현된 적 없는 슬픈 얼굴은 등장하기 어려울 것 같아요.

인간 예술가는 먼저 자신이 슬픔을 느끼고 그 느낌을 표현해요. 자기 몸에서 벌어지는 느낌이 우선하는 거지요. 이 과정에서 그 작가만의 고유한 슬픔이 창조되고, 그것이 감상자에게 공진을 일으켜요. 어디서나 볼 수 있는 슬픈 얼굴이라면 작품으로서의 가치를 얻지 못할 거예요. 십분 양보하더라도 AI가 생성한 수많은 후보작 중에서 인간이 느끼기에 '슬프다'는 느낌을 주는 그림을 인간이 '픽'할 건 분명합니다.

주목을 끄는 힘, 스마트파워

기술력은 언제든지 외부에 의해 제약될 수 있습니다. 실제로 40년 전만 해도 일본은 반도체 분야에서 세계 1위였습니다. 그러나 미국이 일본의 반도체 산업을 강하게 견제하면서 일본은 결국 경쟁력을 잃고 한국에까지 뒤처지게 되었습니다. 이후 반도체뿐 아니라 IT 전반, 디지털 기술,

그리고 최근의 AI 분야에서도 일본은 주도권을 회복하지 못하고 있어요.

이처럼 기술은 패권 국가의 이해관계에 따라 언제든지 영향받을 수 있습니다. 미국은 자국의 이익에 반한다고 판단하면 상대를 철저히 견제하고 압박해온 역사를 가지고 있습니다. 40년 전 일본에게 했던 일이 그것입니다. 심지어 전쟁을 일으켜 제압하기도 하잖아요. 이런 구조 속에서 기술력만으로 정면 승부를 거는 데는 분명한 한계가 존재합니다.

그러나 문화는 전혀 달라요. 문화는 물리적으로 밟아서 제거할 수 있는 대상이 아니에요. 사람들의 마음이 자발적으로 움직이는 영역이기 때문입니다. 지금의 K-팝이나 K-컬처도 외부에서 억지로 확산시킨 결과가 아닙니다. 사람들이 스스로 좋아하고 선택했기 때문에 세계적으로 확산한 것입니다. 이 점에서 문화, 그리고 그 핵심에 있는 취향은 무엇보다 강력합니다.

지금은 우리가 문화로 승부할 수 있는 최적의 시기에 와 있다고 봅니다. 음악, 영화, 드라마, 음식, 뷰티, 패션까지 이미 우리는 세계 시장에서 분명한 흐름을 만들어내고 있습니다. 이 흐름이 우연이 아니라는 점 또한 분명합니다. 이제 중요한 질문은 '이것을 어떻게 더 깊고 단단하게 발전시킬 것인가?'입니다.

저는 이런 상황을 설명하기 위해 '스마트파워Smart Power'라는 개념을 제안하기도 했어요. 스마트파워는 경제력과 군사력 중심의 하드파워Hard Power와 자발적으로 따르고 싶은 매력을 뜻하는 소프트파워Soft Power를 대신할 수 있는 디지털 시대의 새로운 권력 개념이에요.

스마트는 두 가지를 가리켜요. 첫째로 스마트는 디지털 기술력이에요. 스마트폰이라고 할 때의 그 스마트를 떠올리면 돼요. 물론 이때는 '똑똑하다'는 뉘앙스가 강하지만 지금은 똑똑한 기술력 전반을 지칭하는 용어가 되었지요.

둘째로 스마트는 주목도, 즉 마음 점유율mind share이에요. 한국어로 '멋진' 혹은 영어로 '쿨cool'한 것을 가리키지요. 이는 주로 콘텐츠를 묘사할 때 사용되지만 거기에 한정되지는 않아요. 인간의 주목은 유한해요. 넘쳐나는 시대에 주목받지 못하면 존재하지 않는 것과 같아요. 주목을 끄는 힘이 스마트입니다. 저는 두 가지 의미의 스마트 중에서 후자가 더 중요하다고 봐요. 기술은 그 자체로 목적이 아니기 때문이에요. 기술은 마음을 사로잡는 데로 수렴해야 해요. 그래서 큐레이션과 취향이 중요한 겁니다.

오늘날 스마트파워는 권력의 중심이 되었습니다. 마음 점유율을 좌우하는 스마트파워가 가장 중요해졌지요. 과거 '브랜드 파워'라고 불렀던 것도 여기로 수렴되었습니다. 애초 브랜드는 기업에 뒤따르는 용어였지만 지금은 개인에서

인문학과 예술을 만남으로써 동서고금의

고민과 탐구를 되새기고 되풀이할 수 있고,

이를 통해 자신만의 취향을 다듬어갈 수 있어요.

취향은 훈련해야만 획득할 수 있고,

훈련하면 반드시 길러지는 자질입니다.

국가나 초국가 단체에 이르기까지 모든 것이 브랜드로
대표됩니다. 이제는 브랜드를 넘어 콘텐츠도 지칭할 수
있는 개념이 필요해졌고 그것이 스마트파워예요. 제품이나
콘텐츠를 즐기는 것은 그것이 스마트파워를 지니고 있기
때문입니다. 그걸 즐기는 일은 멋지고 쿨하지요.

나아가 스마트함은 '가치 프레임워크value framework'의
측면에서 해석할 수 있습니다. 기술과 산업에 더해
철학적·미학적 관점이 덧붙는 대목이지요. 백범 김구가
〈나의 소원〉에서 한 말이 요즘엔 꽤 알려져 있습니다. 백범은
경제력이나 군사력을 넘어 "오직 사랑의 문화, 평화의
문화"로 "우리 스스로 잘 살고 인류 전체가 의좋게, 즐겁게
살도록" 하려고 했어요. 저는 이것이 인류의 미래 가치를
선도하는 스마트파워라고 해석해요.

가치 프레임워크를 주장하는 까닭은 콘텐츠가 지닌
오락성뿐 아니라 인류가 함께 지향해야 할 가치 정립도
중요하기 때문입니다. 과거 대중매체의 시대에 미국식
대중문화의 영향력과 매력은 압도적이었어요. 미국은
군사력과 경제력 말고도 콘텐츠의 매력으로 인류의 마음을
사로잡음으로써 패권을 유지할 수 있었지요. 인류에게
매력과 꿈을 선사했던 겁니다.

지금은 수면시간을 제외한 하루 24시간 중에서 노동에
종사하는 시간을 뺀 나머지 시간을 놓고 무수한 디지털

콘텐츠가 경쟁하는 소셜미디어 시대지요. 무수한 콘텐츠 중에서 자기 마음에 드는 것만 골라 수용하기도 바빠요. 그래서 주목과 매력, 즉 스마트파워가 중요해졌고요. 저는 여기에 더해 가치 있는 콘텐츠는 재미뿐 아니라 의미도 갖춰야 한다고 생각해요.

인류는 과거와 현재의 많은 문제를 깨닫는 중입니다. 몇 가지만 열거할게요. 근대 식민주의와 제국주의를 통한 수탈, 인종차별과 성차별 등 각종 차별, 공동체적 기반을 소거한 원자적 개인주의, 가치를 경제적 가격으로 환원한 시장 만능주의, 협력과 연대의 본성을 거스르는 개인 자유주의, 기후 위기를 낳은 자연 착취, 확대되는 격차와 불평등. 이건 모두 역사적·사회적으로 형성된 것들이에요. 이 문제들을 극복하는 일을 우리가 선도하지 않으면 누가 할 수 있을까요?

취향의 시대, 인간은 무엇으로 살아갈 것인가?

AI가 세상을 뒤덮고 있는 시대에 취향은 더 근본적인 의미를 지닙니다. 그래서 지금 시대를 '취향 지능의 시대'라고 명명하고 싶습니다. 기술이 일자리를 빼앗으면서 노동에서의

해방이 아니라 노동으로부터의 소외가 발생할 것이라는
우려도 있습니다.

다른 한편으로 대부분의 사람이 일자리를 빼앗기면
상품을 살 사람도 사라지기 때문에, 기업은 더 이상 이윤을
창출하기 어렵게 되리라는 전망도 있어요. 이렇게 되면
자본주의는 소비를 진작해 기업을 존속할 수 있게끔 하는
마중물인 '기본 소득'을 전 인류에 지급하리라는 전망도
가능합니다.

기계가 인간의 일을 상당 부분 대신할 수 있게 된다면
인간은 이제 노동의 의무에서 벗어나서 자기의 삶 자체에
집중할 수 있어야 하지 않을까요? 이를테면 일하는 시간이
대폭 줄고 최근 이야기되는 주 4일 근무도 가능해져야
하겠지요.

그리고 현재 극심한 불평등을 완화하는 쪽으로 가야
하지 않을까 싶어요. 가난, 굶주림, 재난 때문에 고통받지
않을 정도까지는 글로벌 거버넌스global governance 수준에서
일단 보장한 후, 돈이 많아 더 즐길 사람은 즐기라고 하되
대부분의 사람은 소소하게 자기 기쁨을 찾는 식으로 사회
구조나 제도 자체가 바뀌어야 하지 않을까요?

지금은 노동이 전부인 삶을 살다 보니 일 자체가 곧
나입니다. 앞으로 노동의 의무에서 벗어나면 일 말고 다른
것에서 나를 찾아야 합니다. 인간으로서 자신의 정체성을

어떻게 찾아가야 할까요?

인간이 인류의 역사 전체를 통해 성취하려고 했던 게 무엇인지 생각해보면 그건 바로 노동에서의 해방인 것 같아요. 가령 한국에서 현대인, 특히 젊은 친구들의 꿈이 건물주라고 하지요. 이는 노동에서의 해방을 단적으로 드러내는 현상이라고 봅니다. 저는 이런 소망을 가진 사람들에게 항상 질문합니다.

"여러분이 건물주가 되어 월 소득이 1억 원이라고 쳐봅시다. 그다음엔 어떻게 살 건가요?"

돈이 충분하고 시간이 충분하다면 어떻게 살 것인지, 뭘 할 때 즐겁고 행복한지를 묻는 겁니다. 그런데 대체로 대답을 못 해요. 여행 다니고 맛있는 걸 먹는 것? 그런 건 금방 질리지요. 그런 활동들이 오래 가지 못한다는 걸 다들 알고 있어요. 사람들이 더 큰 자극과 도파민을 찾는 건 재미있게 노는 법을 몰라서예요.

이게 왜 문제일까요? 앞으로 이런 문제가 더 심해질 것이기 때문입니다. 대부분의 시간을 노동에 매여 있던 시절에는 이런 고민을 안 해도 됐어요. 하지만 노동에서 놓여나는 순간, 이제는 어쩔 수 없이 실존적인 고민을 시작해야 합니다. 어떻게 살아야 할지, 타인과의 관계는 어떻게 가져가야 할지, 혼자 있을 때 뭘 해야 할지, 뭘 즐기며 시간을 보내야 할지 등의 질문이 물밀듯이 들이닥칠 수밖에 없어요.

이건 아마 우리보다 잘 사는 나라들이 먼저 겪고 있는 사회 문제일 것입니다. 미국이나 유럽에서 벌어지는 현상을 보면, 잘사는 사람들이 여유가 생긴 다음에 뭘 할지 고민해본 적이 없기 때문에 방탕한 생활로 빠지는 경우가 많아요. 우리도 꽤 높은 수준의 선진국이니까 곧 닥칠, 어쩌면 이미 닥친 문제겠지요.

그래서 인문학과 예술이 더 중요해지지 않을까 싶어요. 역사 이래 인문학과 예술은 잘 노는 법을 찾아온 노력의 기록입니다. 이건 비용이 많이 들지도 않고 질리지도 않아요. 심지어 일단 발을 들이면 아주 재미있지요.

생계 걱정이 앞선다면 어쩔 수 없지만그렇지 않다면 즐길 여유를 인문학과 예술로 채우는 게 가능합니다. 그건 바람직하기까지 해요. 앞서 취향이 기술력을 넘어설 수 있는 성공 요인이라고 했지요. 그런데 인문학과 예술은 더 잘 즐길 줄 아는 취향, 더 나은 인간을 만드는 요인입니다.

어제의 나보다 오늘의 내가 더 나아졌다는 느낌은 삶을 살 만하게 만들어주는 힘이에요. 지금껏 우리는 '더 나아진다'는 말을 경제적·사회적 의미로 받아들여왔지요. 그러나 '더 나아진다'는 말을 인간적 의미로 이해한다면 전보다 성숙했다는 징표가 아닐까요? 기술 시대에 취향 지능이 새삼 소중한 이유입니다.

4강 | 강의노트

▶ **독해력**
  - 독해력이 있어야
    ① 직접 경험의 한계를 넘어설 수 있음
    ② 자기 판단의 주인이 될 수 있음
  - 독해력 기르기: 질문을 가지고 읽기, 독서 모임 하기

▶ **소통력**
  - 글쓰기란 소통과 창작의 기본
  - 글을 잘 쓰려면 ① 필사해보기 ② 내가 쓴 글 다시 읽어보기
  - 소통력 기르기: 개인 블로그 운영하기

▶ **협업력**
  - 협업 = 팀의 시너지를 촉진
  - AI와는 갈등이 발생하지 않는다(→ 협업력을 기를 기회가 없음)
  - 협업력 기르기: 인간과 인간 사이를 조율하는 리더 연습 하기

▶ **취향 지능**
  - 취향 = 범람하는 알고리즘 속에서 나를 자유롭게 해주는 것
  - 취향을 기르는 법 ① 의도적인 소비 ② 인내 ③ 자각

생각해볼 질문들

Q 개인 블로그를 운영하게 된다면 어떤 주제의 글을 써보고 싶은가요?

Q 나만의 취향을 갖고 싶은 분야가 있나요? 취향을 기르기 위해 해볼 수 있는 실천으로는 어떤 것들이 있을지 계획해보세요.

인간이라는 가치, 취향 지능

인간 지능과 비교했을 때 AI는 외계 지능, 낯선 지능입니다. 하지만 인간 지능과의 중요한 차이를 지적하지 않을 수 없습니다. 인간이 몸을 갖고 있다는 건 굉장히 특별한 일입니다. 인간과 인간 사이에는 뭔가가 즉각 오갈 수 있습니다. 비슷한 몸을 갖고 있기 때문이지요. 아주 넓은 의미의 커뮤니케이션, 또는 공감, 공진, 공명 같은 일들이 벌어지고 있거든요. 이건 막연한 추측이 아니라 경험직 사실입니다.

우리는 서로 얼마나 비슷한 존재인가요! 덕분에 예술도 가능하고 문학도 가능하고 철학도 가능합니다. 우리는

이런 활동을 하면서 그게 필요하고 소중하다는 걸 그냥
바로 압니다. 이건 기술과 경제와 돈이 중요하다는 걸 아는
것과는 조금 다른 차원 같아요. 몸을 지니고 있고, 유한한
존재고, 얼마 있다 죽고… 이런 것들이 너무나 명백한 인간의
조건이지요.

　　우리는 이런 사실을 설명하지 않더라도 너무 잘 알고
있어요. 설명이 불필요한 이런 층위에서 벌어지는 많은
현상이 있습니다. 그건 데이터화하기 힘든, 굉장히 어려운
영역으로 여전히 남는 것 같아요. 최근에는 인간의 감각이
33개라는 연구가 화제가 되었지요. AI가 그런 감각을 알 수
있을까요? 도대체 AI가 인간을 알 수 있을까요?

　　우리 인간 사이에 대화와 소통이 가능하고 예술
활동이 가능하다는 게 뭘 뜻하는 걸까요? 이를테면
'마감의 미감'이라는 게 있습니다. 어디까지를 완성품으로
생각할 것이냐에 대한 감각이지요. 이건 모종의 안목이자
취향입니다.

　　이게 점점 하향 평준화되고 있다는 건 굉장히 우려할
만한 상황입니다. AI로 생성한 프로필, 그림, 인포그래픽
같은 게 넘쳐나고 있잖아요. 저는 이런 것들을 보면 눈을
버린 느낌이 들어요. 인간만의 독특함은 주로 '뾰족함'에서
확인되거든요. 이런 이미지들엔 뾰족함이 전혀 없습니다.
금방 질리고요.

우리 속담에 '모난 돌이 정 맞는다'는 게 있지요? 모나지 말라, 튀지 말라는 경고입니다. 남의 미움을 살 수 있으니 원만하게 처신하라는 거예요. 왜 이런 속담이 나왔을까요? 잘난 척하지 말라는 조언일 수도 있어요. 하지만 '모난 짓'의 '모나다'는 말은 '모' 즉 '귀퉁이'에서 유래했어요. 뾰족하게 튀어나왔고, 까다롭거나 까탈스럽다는 뜻이에요. 그건 그런 짓을 하는 인간이 반드시 있다는 뜻이기도 해요. 하지 말라는 짓, 시키지 않은 짓을 하는 게 인간이거든요. 특히 젊을수록 그런 성향이 더 강하지요.

평균적인 것, 판에 박힌 것들은 AI가 잘 처리하고, 그런 것들은 외주 준다고 해도 별문제가 없어요. 하지만 우리가 뾰족함마저 외주 주려 하거나 포기한다면 결국 '인간이라는 가치'에 남는 게 뭐가 있을까 하는 생각이 들어요.

저는 이 책에서 언어력, 즉 독해력과 소통력, 협업력을 강조했고 마지막에는 '취향 지능'이 중요하다고 선언했습니다. 취향 지능은 자신만의 뾰족함, 자신만의 큐레이션 능력, 자신만의 안목과 가치를 뜻해요. 독해력, 소통력, 협업력이 잠재력에서 현실화로 이어지는 실력이라면 취향은 방향과 관련되지요. 무엇을 추구할 것인가, 어떻게 살 것인가, 어떤 삶을 가치 있다고 여기는가, 누구와 함께 살려고 하는가. 자기 삶의 방향성이 없으면 아무리 역량이 있더라도 표류할 수밖에 없습니다.

AI를 비롯한 첨단 기술은 우리에게 힘을 주고 있습니다. 여기에 덧붙여 언어력이라는 인간 본연의 역량이 중요하다고 했어요. 그러나 이 모든 힘과 역량이 의미를 찾는 건 자신만의 취향, 즉 삶의 방향성에서입니다.

'기술'은 단일한 의미가 아닙니다. 한국말 '기술'은 영어로 둘로 표현돼요. 테크놀로지technology와 테크닉technique이지요. 이 둘은 의미가 많이 다릅니다. 한국에서는 기술이란 말을 이 두 가지 뜻으로 엄밀히 구분하지 않고 혼용해 쓰는 편이어서 개념을 분명히 할 필요가 있어요.

테크놀로지는 '힘으로서의 기술(力)'입니다. 무언가를 할 수 있는 수단이 테크놀로지지요. AI를 비롯한 정보통신 기술, 생명공학, 신재료, 시간 관리술 등은 모두 우리가 무언가를 할 수 있게 해준다는 점에서 테크놀로지입니다. 다음으로 테크닉은 '운영으로서의 기술(術)'입니다. 말을 타는 것도, 말을 잘하는 것도, 농사를 잘 짓는 것도 기술입니다. 이게 테크닉입니다. 운영의 묘를 살린다고 할 때의 그 운용 기술이지요.

테크닉과 테크놀로지를 비교해보면 테크닉이 테크놀로지 위에 있습니다. 테크놀로지는 뭘 할 수 있는 힘, 능력이고 그것을 이렇게 운영하느냐 저렇게 운영하느냐가 테크닉의 문제입니다. 테크닉을 통해 테크놀로지를 관리할

수 있습니다. 우리는 테크놀로지의 발전과 함께 그것을
어떻게 운용하느냐 하는 테크닉을 고민해야 합니다. 결국
테크닉은 취향과 결합되어야 합니다. 중요한 것은 가치와
방향이기 때문이지요. 그리하여 기술은 새로운 의미를 얻게
됩니다.

　　배의 방향을 조정하는 장치를 순우리말로 '키'라고
합니다. 다른 말로 '타'라고도 하지요. 우리는 자기 삶의 키를
쥐고 조정하는 사람이 되어야 합니다. 가치와 방향을 손수
정해야 합니다. 누구나 삶의 자유를 누릴 권리가 있고, 그걸
스스로 포기해서는 안 될 것입니다.

　　그러려면 자기 삶을 자기가 운용하는 기술, 즉 취향
지능을 갖춰야만 합니다. 단지 남들과 다른 삶을 사는 데서
그치는 것이 아니라 남들도 추구하고 싶은 삶을 발명해야 할
것입니다.

　　AI에 휘둘리기에는 인생의 시간이 너무 짧습니다.
어떻게 살아야 재미와 보람을 동시에 얻을 수 있을지 더 많이
생각해야 할 때인 것 같습니다.

디스킬 제너레이션:
AI 시대, 생존을 위한 언어력 수업

1판 1쇄 인쇄	2026년 4월 1일
1판 1쇄 발행	2026년 4월 15일

지은이	김재인
발행인	박현진
본부장	김태형
책임편집	이민해
책임마케팅	전강산
오리지널사업팀	이지향, 고혜원, 박지수, 이유림, 이유진, 한미리
디자인	굿퀘스천
제작	세걸음

펴낸곳	(주)kt 밀리의서재
출판등록	2017년 1월 5일(제2017-000008호)
주소	서울특별시 마포구 양화로45, 18층 (서교동 메세나폴리스 세아타워)
메일	contents@millie.town
홈페이지	https://www.millie.co.kr
ISBN	979-11-6908-721-6 (93100)

· 이 저서는 2025년 대한민국 교육부와 한국연구재단의 인문한국3.0(HK3.0) 지원사업의 지원을 받아 수행된 연구임(NRF-2025-S1A6B5-A02003693)